AF546272

Ursula Oppolzer

45 Vertretungsstunden fächerübergreifend

für die Klassen 5–10

Cornelsen

Die Autorin
Ursula Oppolzer studierte die Fächer Biologie, Geografie, Mathematik sowie Psychologie und arbeitet als Realschullehrerin. Als Autorin veröffentlichte sie über 20 Fachbücher und arbeitet seit vielen Jahren als Dozentin und Trainerin, u. a. zu dem Seminarthema „Lernen, Konzentration und Gedächtnis".

Projektleitung: Franziska Wittwer, Dorothee Weylandt, Berlin
Redaktion: Anja Sieber, Hamburg
Umschlaggestaltung: Julia Walch, Bad Soden
Layout/technische Umsetzung: fotosatz griesheim GmbH

www.cornelsen.de

2. Auflage 2020

© 2016 Cornelsen Verlag GmbH, Berlin.

Das Werk und seine Teile sind urheberrechtlich geschützt.
Jede Nutzung in anderen als den gesetzlich zugelassenen Fällen bedarf der vorherigen schriftlichen Einwilligung des Verlages.
Hinweis zu §§ 60 a, 60 b UrhG: Weder das Werk noch seine Teile dürfen ohne eine solche Einwilligung an Schulen oder in Unterrichts- und Lehrmedien (§ 60 b Abs. 3 UrhG) vervielfältigt, insbesondere kopiert oder eingescannt, verbreitet oder in ein Netzwerk eingestellt oder sonst öffentlich zugänglich gemacht oder wiedergegeben werden.
Dies gilt auch für Intranets von Schulen.

Druck: AZ Druck und Datentechnik GmbH, Kempten

ISBN 978-3-589-15818-8

PEFC zertifiziert
Dieses Produkt stammt aus nachhaltig bewirtschafteten Wäldern und kontrollierten Quellen.

www.pefc.de

Inhalt

Vorwort – Hinweise für den Nutzer 5
Überblick: Vorbereitung – Materialien – Recherche 7

Klasse 5 / 6

1. Steinzeit 9
2. Astrid Lindgren und der Michel 12
3. Die unendliche Geschichte 16
4. Die Zeit der Ritter und Burgen 19
5. Wissensquiz 23
6. Essen zur Zeit der Römer 25
7. Kreuzworträtsel: Menschen und Völker 27
8. Quadrat mit 3 Strichen 30
9. Die Bremer Stadtmusikanten 32
10. Waldmeister 34
11. Urlaub am Meer 38
12. Witziges Wissen 41
13. Schmuggler 43
14. Vom Löffel zur Gabel 45
15. Weihnachtsmarkt 47

Klasse 7 / 8

16. Glaube und Ernährung 50
17. Goldhamster und Goldküste 52
18. „Teddy“ und „Dynamo“ – Fremdwörter erklären 54
19. Kreuzworträtsel 56
20. Schwarzmalerei und Grauzonen 59
21. Kinderarbeit und ein Bett für alle 61
22. Auf der Flucht 63
23. The Boy King 65
24. Das Eisenbahnzeitalter 67
25. Harry Superman 69
26. A Highwaywoman 71
27. Zucker – eine süße Droge 73
28. Richtige und falsche Behauptungen 77
29. Internationale Deutschstunde 79
30. Robinson Crusoe 82

Klasse 9 / 10

31. Die 1950er Jahre ... 84
32. Wer war Herr Biedermeier? ... 89
33. Otto von Bismarck – Liebesbriefe an Johanna ... 92
34. Zeitgenossen und Ereignisse des 20. Jahrhunderts ... 94
35. Anfang und Ende gut, alles gut ... 98
36. Berühmte Frauen ... 101
37. Kunst überall ... 104
38. Florence Nightingale (1820–1910) ... 106
39. Was stimmt hier nicht? ... 109
40. Biokraftstoffe ... 111
41. Emmeline Pankhurst (1858–1928) ... 114
42. Wie nennt man ...? ... 116
43. Metallfressende Pflanzen ... 118
44. Leseecke ... 120
45. 100 Jahre zurück ... 124

Literatur ... 126

Hinweis: Sie können die Materialseiten auf dem Kopierer auf 141 % vergrößern, um eine DIN-A4-Seite zu erhalten.

Vorwort – Hinweise für den Nutzer

Liebe Kolleginnen und Kollegen,

viele von Ihnen werden fast täglich und meistens kurzfristig in eine oft fremde Klasse geschickt, um eine erkrankte Lehrkraft zu vertreten. Dann ist es hilfreich und stressarm, auf Anregungen und Kopiervorlagen zurückgreifen zu können. Ziel dieses Buches ist es, den Zeitaufwand für die Vorbereitung der Vertretungsstunde möglichst gering zu halten, die Schüler zu motivieren und den Unterricht mit interessanten Inhalten zu füllen. Diese Stundenkonzepte für die Vertretung eignen sich auch zur Ergänzung einer Unterrichtseinheit, für Wahlpflichtkurse und Projekttage. Das Buch beinhaltet jeweils 15 Stundenkonzepte für die Jahrgangsstufen 5 / 6, 7 / 8 und 9 / 10. Mit diesen Vertretungsstunden erhalten Sie die Möglichkeit, Themen fächerübergreifend bearbeiten zu lassen und die Allgemeinbildung der Schüler zu fördern. In vielen Stunden kann oder soll recherchiert werden. Dies kann mithilfe des Internets, aber auch anhand ausrangierter Schulbücher und anderer Werke erfolgen. Sind die Tätigkeiten, die im Kasten zum Kompetenzbereich gehören, kursiv gedruckt, so gelten sie für die Anschlussaktivitäten. Viele Vertretungsstunden sind jedoch auch ohne Recherche durchführbar, falls Sie in einer Klasse keine Möglichkeit dazu haben sollten (siehe „Überblick: Vorbereitung – Materialien – Recherche“). In mehreren Stunden wird vorgeschlagen, Mindmaps und Plakate anzufertigen. Sollte Ihnen gerade kein Plakatpapier zur Verfügung stehen, nehmen Sie DIN-A3-Blätter oder lassen Sie die Schüler jeweils zwei DIN-A4-Blätter mit Tesafilm zusammenkleben – eine Rolle Tesafilm oder Klebestreifen haben Sie sicher immer für alle Fälle in Ihrer Tasche. Sollten Sie spontan in eine Klasse geschickt werden und keine Zeit mehr haben, zu kopieren und / oder Materialien zu besorgen, finden Sie oft bei den möglichen Anschlussaktivitäten Anregungen, die Sie ohne Vorbereitung umsetzen können. Die meisten Stunden für die Klassen 5 / 6 können Sie auch in der 7. Klasse einsetzen, wenn Sie für die Aufgaben des Arbeitsblattes eine kürzere Zeit festsetzen. In einer kurzen tabellarischen Einführung zu den einzelnen Stundenkonzepten erfahren Sie neben Titel und Jahrgangsstufe, welches Ziel verfolgt wird, welche Sozialform zum Einsatz kommt, um welche Kompetenzbereiche es geht und welche Vorbereitung und Materialien benötigt werden. So genügt ein Blick und Sie wissen, ob diese Stunde für Sie zu diesem Zeitpunkt geeignet ist.

Die Stunden sind nach folgendem Muster aufgebaut:

- Hinführung: Der erste Arbeitsschritt führt zum Thema der Stunde hin und soll die Schüler auf das Stundenthema einstellen. Dies geschieht in der Regel über einleitende Fragen oder über ein Brainstorming.
- Hauptphase: In mehreren Arbeitsschritten bearbeiten die Schüler die Inhalte. Dies kann in Einzelarbeit, Partnerarbeit oder Gruppenarbeit erfolgen. Oft wird zunächst

eine spielerische Auseinandersetzung mit dem Stundenthema vorgeschlagen, die die Schüler motiviert, sich gegeneinander zu behaupten. Anschließend erfolgt die Vertiefung des Stundenthemas durch eine Recherche und / oder das Erstellen von Fragebögen und Antwortlisten, Mindmaps oder Plakaten, das Schreiben von Referaten, Interviews und Zeitungsartikel zur Festigung des Wissens.

- Ergebnissicherung: Die Ergebnisse der Erarbeitung werden besprochen bzw. präsentiert. Die Lösungen für die Arbeitsblätter finden Sie, wenn nicht anders angegeben, in einem Kasten am Ende der jeweiligen Stundeneinführung.
  Auf den Arbeitsblättern finden die Schüler neben den Aufgaben auch Eselsbrücken, Tipps, Informationen und Scherzfragen.
- Mögliche Anschlussaktivitäten und Alternativen: Diese Anregungen können Sie nutzen, wenn Sie einen Arbeitsschritt der Hauptphase weglassen wollen, wenn die Schüler früher fertig sind als geplant, oder wenn Sie spontan eine Lehrkraft vertreten müssen und keine Zeit für Vorbereitungen haben.

Zur Erhaltung bzw. Wiedererlangung der Konzentration sind Aktivierungsaufgaben sinnvoll. Siegfried Lehrl, Psychologe und Leiter des Bereiches „Forschung und Praxis" an der Universität Erlangen, hat sich intensiv mit dem Thema Lernen befasst und viele Studien dazu durchgeführt. Obwohl diese Aufgaben etwas Zeit kosten, sind sie ein Gewinn, da die Schüler anschließend mehr wahrnehmen und mehr Infos speichern. Damit Sie immer einen Vorrat an Aktivierungsübungen parat haben, finden Sie Übungen auf mehreren Lehrerseiten und auch entsprechende Aufgaben auf den Arbeitsblättern. Bei diesen Übungen geht es darum, in einer bestimmten Zeit bzw. so schnell wie möglich – im Wettbewerb – die Lösungen zu finden, um die Fokussierung vollkommen auf diese Aufgabe zu lenken und wieder „wach" zu werden. Die Studien an unterschiedlichen Schulformen waren sehr erfolgreich. Probieren Sie es einfach aus!

Ursula Oppolzer

Notiz Aus Gründen der besseren Lesbarkeit wird in diesem Buch durchgehend die männliche grammatische Form verwendet. Selbstverständlich sind damit immer auch Frauen und Mädchen gemeint, also Lehrerinnen und Schülerinnen etc.

Überblick: Vorbereitung – Materialien – Recherche

Stunde	KV	Kompetenzbereich	Materialien – Fächer	Recherche
Klasse 5 / 6				
1 Steinzeit	✓	Ko / Le / Schr / Tab / Fra / Mind	KV – Deu / Ge / EK / Bio	(+)
2 Astrid Lindgren	✓	Ko / Le / Fra Mind / Pla / (Tab)	KV, PP – Deu / Ek / Ma / Bio / Ku	
3 Die unendliche Geschichte	✓	Ko / Le / Schr / Tab	KV – Deu / Bio	
4 Die Zeit der Ritter	✓	Wa / Ko / Zus / Zei / (Pla)	KV – Ge / Deu	
5 Wissensquiz	✓	Ko / Le / Zus / (Re)	KV – Deu / Ek	(+)
6 Essen und Trinken zur Zeit der Römer	✓	Ko / Le / Zus / Fra / Tab / Pla	KV – Deu / Ge / Ek / Bio	(+)
7 Kreuzworträtsel: Menschen und Völker	✓	Ko / Le / Schr / Tab	KV – Deu / Ek	
8 Quadrat mit 3 Strichen	✓	Ko / Le / Rech	KV – Ma / Deu	
9 Die Bremer Stadt-musikanten	✓	Ko / Le / Schr	KV – Bio / Deu	
10 Waldmeister	✓	Ko / Le / Schr / Tab / Zus / (Mind)	KV – Bio / Deu	
11 Urlaub am Meer	✓	Ko / Le / Schr / Frag / Tab	KV – Ek / Deu / Bio	
12 Witziges Wissen	✓	Ko / Le / Fra	KV – Bio / Deu / Ek	
13 Schmuggler	✓	Ko / Wa / Le / Schr / Zus	KV – Ge / Pol / Deu / Bio / Ku	
14 Vom Löffel zur Gabel	✓	Ko / Le / Frau	KV – Deu / Ge / Ek	
15 Weihnachtsmarkt	✓	Ko / Le / Wa / Zus / Tab	KV – el / Deu / Ek / Bio / Ma	
Klasse 7 / 8				
16 Glaube und Ernährung	✓	Ko / Le / Schr / Re Zus / Frag (Tab)	KV – Rel / Deu / Bio	+
17 Goldhamster und Goldküste	✓	Ko / Le / Schr / Tab / Frag / Mind / Re	KV – Deu / Bio	+
18 „Teddy“ und „Dynamo“	✓	Ko / Le / Wa / Schr / Re / Tab	KV – Deu / En	+
19 Kreuzworträtsel	✓	Ko / Le / Zus / Re	KV – Deu / Bio / Ek	+
20 Schwarzmalerei	✓	Ko / Le / Schr / Zus / Re / TaFra	KV – Deu / Bio / Ek	+
21 Kinderarbeit und ein Bett für alle	✓	Ko / Le / Zus / Fra / Tab / Re	KV – Deu / Ge	+
22 Auf der Flucht	✓	Ko / Le / Zus / Re / Schr	KV – Deu / Ek	+
23 The Boy King	✓	Ko / Le / Schr / Re / Übersetzen	KV – En / Ge / Ek / Deu	+

24 Eisenbahnzeitalter	✓	Ko / Le / Zus / Re / Tab / Mind / (Pla)	KV – Deu / Phy / Ma	+
25 Harry Superman	✓	Ko / Le / Pla (Re)	KV, PP, Kle, Tafel – Deu / Rel	(+)
26 A Highwaywoman	✓	Ko / Le / Schr / Mind / (Fragen) (Re)	KV, PP, Kle, Kärtchen – En / Ge / Deu / Ek	(+)
27 Zucker – eine süße Droge	✓	Ko / Le / Schr / Mind / RefFragen (Re)	KV, DIN-A3-Blätter – Bio / Ge / Ek / Ma	(+)
28 Richtige und falsche Behauptungen		Ko / Le / Schr / Ref Re	KV – Ge / Pol / Deu / Bio / Ku / Mu	+
29 Internationale Deutschstunde		Ko / Le / Re Pla / Mind / (Tab)	KV, PP, Kle – Ge / Pol / Deu / Bio	+
30 Robinson Crusoe		Ko / Le / Schr / Re	KV – Deu / Ge / Bio / Ek	+
		Klasse 9 / 10		
31 1950er Jahre	✓	Ko / Le / Schr / Zus Fra / Re	KV – Deu / Ge / Pol	+
32 Herr Biedermeier	✓	Ko / Le / Schr / Mind / Re	KV – Deu / Ge	+
33 Otto von Bismarck	✓	Ko / Le / Zus Re	KV – Deu / Ge / Pol-Bio / Ku	+
34 Zeitgenossen und Ereignisse des 20. Jh.	✓	Ko / Le / Zus / Tab / Re	KV – Deu / Ge / Ku / Ek /	+
35 Anfang gut, alles gut	✓	Ko / Le / Zus / Tab / Pla / Re	KV – Ph / Bio / Ma / Ek	+
36 Berühmte Frauen	✓	Ko / Le / Pra / Re	KV – Deu / Ge / Ch	+
37 Kunst überall	✓	Ko / Le / Fra / Tab / (Mind) Re	KV – Ku / Deu / Ek	+
38 Florence Nightingale e (1820–1910)	✓	Ko / Le / Zus / Tab / Re (Fragen) (Schr)	KV – En / Ge / Bio	+
39 Was stimmt nicht ?	✓	Ko / Le / Re / Fra / Schr	KV – Ge / Deu / Ek / Phy	+
40 Biokraftstoffe	✓	Ko / Le / Mind / Re / Tab / Fra	KV – Bio / Ch / Deu	+
41 Emmeline Pankhurst (1858–1928)	✓	Ko / Le / Fra Zus / Re / Übersetzen	KV – En / Ek	+
42 Wie nennt man …?	✓	Ko / Le / Schr / Re	KV – Ge / Deu / Ek / Mu	+
43 Metallfressende Pflanzen	✓	Ko / Le / Mind / Re	KV – Bio / Ek / Ph / Deu	+
44 Leseecke	✓	Ko / Le / Re / Schr / Tab / Int	KV – Deu / Ek	+
45 100 Jahre zurück	✓	Ko / Le / Sch / Re / Tab	KV – Deu / Ge / Po /	+

KV = Kopiervorlage
Wa = Wahrnehmung
Ko = Konzentration
Le = Lesen
Mind = Mindmap erstellen

PP = Plakatpapier
Kle = Klebestreifen
Pla = Plakat erstellen
Re = Recherchieren
Zus = Zusammenhänge herstellen

Stehen die Abkürzungen in Klammern, so gelten sie für Anschlussaktivitäten.

Steinzeit

Ziel / Leitidee	Die Schüler lernen unterschiedliche Steine kennen, erweitern ihren Wortschatz, verbessern Wahrnehmung und Konzentration.
Klassenstufe	5 / 6 Deu / Ge / Ek / Bio
Vorbereitung / Material	1 Kopiervorlage in Klassenstärke / Tafel, Kreide / DIN A6 Karten
Sozialform	Klassenverband / Einzelarbeit oder Partnerarbeit
Kompetenzbereich	Konzentriertes Lesen, Schreiben, Fragen stellen, Tabellen und Mindmaps, *Steckbriefe erstellen, Geschichten schreiben*

Hinführung

- Unterrichtsgespräch mit den **Fragen:**

  - *Welche Steine kennt ihr?*
  - *Wozu braucht man heute Steine?*
  - *Wozu benutzte man Steine in der Steinzeit?*
  - *Was bedeutet die Redewendung „einen Stein ins Rollen bringen"?*
  - *Kennt ihr weitere Redewendungen, Geschichten, in denen Steine eine Rolle spielen?*

Hauptphase

- Die Lehrkraft schreibt das Thema der Stunde „Steinzeit" an die Tafel.
- Die Schüler nennen **zusammengesetzte Wörter,** die mit „Stein" beginnen.
- Die Schüler schreiben in **Partnerarbeit** so schnell wie möglich zu möglichst vielen Buchstaben des Alphabetes (außer „x" und „y") **ein Wort auf, das mit „stein" endet.** Nach 3 Minuten hat das Paar mit den meisten Wörtern gewonnen.
- **Das erste Arbeitsblatt wird ausgeteilt** und die Schüler bearbeiten die Aufgaben in Einzelarbeit oder Partnerarbeit.
- Die Schüler erstellen eine **Tabelle** mit unterschiedlichen Fächern, z. B. Geschichte, Biologie, ... und ordnen die „Steinwörter" entsprechend zu.

Ergebnissicherung

- Die Schüler **lesen** die bearbeiteten Texte und Aufgaben des Arbeitsblattes vor und korrigieren ihre Fehler.

Mögliche Anschlussaktivitäten

- Die Schüler suchen **Reimwörter** zu „Stein".
- Die Schüler suchen Wörter, die ein „ei" enthalten, und schreiben eine **kleine Geschichte,** in der möglichst viele dieser Wörter vorkommen und kein Wort mit „ai".

- Die Schüler erstellen zu mindestens einem Stein-Begriff jeder Spalte der Tabelle mithilfe der Recherche einen **Steckbrief** und schreiben ihn auf eine **DIN-A6-Karte.**

Alternativen

- Die Schüler **suchen Wörter,** in denen die Buchstaben S T E I N in beliebiger Reihenfolge vorkommen. Beispiele: nisten, Kisten, Listen, Leisten, preisten, Finkennest, …
- Die Schüler **schreiben** eine Geschichte mit möglichst vielen „Stein-Wörtern".

Aktivierungsübungen

- Die Lehrkraft liest einen kurzen Text vor, z. B. den Steinzeittext vom Arbeitsblatt oder beliebige Textstellen im Schulbuch oder in einer Zeitung, und die Schüler achten auf alle „ei" („ie", „ah", „eh", „oh" „au" „eu") und zählen mit, wie oft diese beiden Buchstaben vorkommen.

Eselsbrücke Die Tropfsteine Stalaktiten und Stalagmiten lassen sich leicht auseinanderhalten, wenn man sich vorstellt, wie die Stalaktiten von der Decke tröpfeln. Dann ist klar, dass die Stalagmiten von unten nach oben wachsen.

Tipp Es hilft, wenn man sich bei Wörtern, die man leicht verwechselt, auf eine Seite schlägt!

Lösungen

Stein-Wörter: Steinaxt, Steinadler, Steinbeißer, Steinbock, Steinkauz, Steintafeln, Steinobst, Steinpilz, Steinnelke, Steingut, Steinzeug, Steinwerkzeuge, Steineiche, Steinkohle, Steinkraut, Steinheim, Steinklee, Steinhausen, Steinfurt, Steinbutt, Steindrossel, Steinkorallen, Steinplatten Steintreppe, Steinfußboden, Steinstufen, Steinhuder Meer
Wörter, die mit Stein enden: Achatstein, Basaltstein, Bernstein, Bimsstein, Diamantstein, Edelstein, Feuerstein, Gallenstein, Grabstein, Granitstein, Halbedelstein, Kalkstein, Kieselstein, Kultstein, Idar-Oberstein, Marmorstein, Nierenstein, Prüfstein, Rubinstein, Sandstein, Salzstein, Sedimentgestein, Schieferstein, Spielstein, Spülstein, Stolperstein, Taufstein, Tropfstein, Vulkangestein, Wackerstein, Zahnstein, Ziegelstein

Versteckte Steinwörterhälften:
stufen, axt, beißer, bock, kauz, tafel, obst, pilz, nelke, werkzeug, eiche, kohle, kraut, heim, klee, hausen, furt, drossel, koralle, platten, treppe, fußboden

Steinzeitmenschen: Tisch, mischen, zischen, Nische, echt, mich, sich, mit, Zehen, Schein, Stich, Hitze, Heim, Heinz, Zeit, See, Test, Metz, Zechen, Essen, Tinte, mein, Seite, hinten, Nieten, Sinne, Scheite, Netz, nehmen, …

Name: Klasse: Datum:

Versteckte Steinwörterhälften

1. *Wie schnell findest du die 22 versteckten Wörter in diesem Buchstabensalat?*

Tipp Vor alle Wörter kannst du „Stein" setzen.

stufenaxtbeißerbockkauztafelobstpilznelkewerkzeugeichekohle
krautheimkleehausenfurtdrosselkoralleplattentreppefußboden

Steinzeitmenschen

2. *Stell' dir vor, du hast nicht das ganze Alphabet zur Verfügung, sondern nur die Buchstaben, die in STEINZEITMENSCHEN enthalten sind. Wie viele Wörter kannst du aus diesen Buchstaben bilden? In jedem Wort darf jeder Buchstabe nur so oft vorkommen wie in dem Wort STEINZEITMENSCHEN. Beispiele: ich, Zeh, Schein, …*

Steinzeit

3. *Lies diesen Text konzentriert durch und erstelle einen Fragebogen und ein Lösungsblatt. Die kursiv gedruckten Begriffe sind die Lösungswörter.*
4. *Erstelle eine Tabelle mit 3 Spalten (oder eine Mindmap):*

Altsteinzeit	Mittelsteinzeit	Jungsteinzeit

Die *Steinzeit* ist der älteste Abschnitt der Geschichte des Menschen, in der er zur Herstellung von Werkzeugen und Waffen außer *Knochen, Horn und Holz* vor allem Stein verwendete. (*„Faustkeil"*) Metalle waren noch vollkommen unbekannt. Es gibt die Altsteinzeit (vor rund 2,5 Mio. Jahren v. Chr.), die Mittelsteinzeit (vor 9500 – 5500 Jahren v. Chr.) und die Jungsteinzeit (vor 5500 – 2200 Jahren v. Chr.). Auf die Steinzeit folgte die *Bronzezeit,* etwa 2200 – 800 v. Chr. (Bronze ist eine *Legierung aus Kupfer und Zinn* mit verschiedenen Zusätzen) und dann die *Eisenzeit,* vor etwa 800 v. Chr. bis zur Geburt Christi. Auch die ersten *Höhlenmalereien* entstanden in der Altsteinzeit. Die *Altsteinzeit* ist der weitaus längste Abschnitt der Menschheitsgeschichte. Wenn du dir vorstellst, dass du die Geschichte der Menschheit auf einem Meterstab darstellst, so entsprechen etwa 1.000 mm der Altsteinzeit, ca. 2,5 mm der *Mittelsteinzeit* und ca. 3,5 mm der *Jungsteinzeit* und der Zeit bis heute.

Hinweis Wusstest du, dass es „lebende Steine" gibt? Pflanzen, die zu den Mittagsblumengewächsen gehören, sehen aus wie Steine und wachsen zwischen Steinen. So sind sie super getarnt.

© 2020 Cornelsen Verlag GmbH, Berlin. Alle Rechte vorbehalten.
Die Vervielfältigung dieser Seite ist für den eigenen Unterrichtsgebrauch gestattet. Für inhaltliche Veränderungen durch Dritte übernimmt der Verlag keine Verantwortung.

Erstellt von: Ursula Oppolzer

2 Astrid Lindgren und der Michel

Ziel / Leitidee	Die Schüler lernen die Schriftstellerin Astrid Lindgren und ihre Kinderbücher und Schweden kennen.
Klassenstufe	5 / 6 Deu / Ek / Ma / Bio / Ku
Vorbereitung / Material	2 Kopiervorlagen in Klassenstärke / Tafel, Kreide / Plakatpapier
Sozialform	Klassenverband, Gruppenarbeit
Kompetenzbereich	Konzentriertes Lesen, Fragen zu den Texten stellen bzw. beantworten, Plakate anfertigen, *Tabellen anlegen*

Hinführung

- Unterrichtsgespräch mit den **Fragen:**

  - *Wer kennt Pippi Langstrumpf?*
  - *Wisst ihr, wer dieses Buch geschrieben hat?*
  - *In welchem Land spielen die Bücher von Astrid Lindgren und wo war sie zu Hause?*

Hauptphase

- Die Lehrkraft schreibt *Astrid Lindgren und ihre Bücher* an die Tafel.
- Die **Lehrkraft liest** einen Abschnitt aus „Immer dieser Michel“ vor.

> „Michel hauchte auf das frostbeschlagene Fenster, damit er ein Guckloch bekam, und sah hinaus. Er sah den Schein der Laterne hinten im Schweinestall und dunkle Schatten, die sich bewegten. Jetzt war das Schwein tot, das wusste er. Jetzt stand dort Lina und rührte das Blut, das aus dem Schwein herausrann. Bald würden sein Vater und Alfred es abbrühen und ihm die Borsten abschaben und es zerteilen. Krösa-Maja würde kommen, und sie und Lina würden nachher im Waschhaus die Därme auswaschen, und damit war es dann zu ende mit dem Bastefall-Schwein, das Michel gekauft hatte. So aber ist der Mensch – er vergisst. Und so war Michel auch. Am Nachmittag saß er eine Weile bei Knirpsschweinchen, und während er es kratzte, sagte er gedankenvoll: ‚Du Knirpsschweinchen, du lebst! So verschieden ist das hier auf der Welt, du lebst!‘ Dann nahm er sich vor, das Bastefall-Schwein zu vergessen. Und als am nächsten Tag Krösa-Maja und Lina in der Küche saßen und emsig Speckwürfel schnitten und die Mutter Wurstmasse knetete und Blutklöße kochte und den Weihnachtsschinken in seine Salzlake legte, während Lina sang ‚Ein Wetter bläst so kalt her von der See‘ und Krösa-Maja von dem Gespenst ohne Kopf im Pfarrhaus erzählte, da fühlte Michel sich wohl. Er dachte nicht mehr an das Bastefall-Schwein, sondern nur noch daran, dass bald Weihnachten sein würde.“
>
> *aus: Astrid Lindgren (1972): Immer dieser Michel. Oetinger Verlag: Hamburg, S. 62*

- Die Lehrkraft stellt Fragen:

> 1. *Warum waren die Fenster frostbeschlagen?*
> 2. *Was passierte im Schweinestall?*
> 3. *Was ist ein Knirpsschweinchen?*
> 4. *Wer sind Lina und Krösa-Maja?*
> 5. *Was ist ein Waschhaus?*
> 6. *Warum wird das Blut gerührt?*
> 7. *Warum werden die Därme ausgewaschen?*
> 8. *Was ist eine Salzlake?*

- Das **1. Arbeitsblatt wird ausgeteilt.**
- Die Schüler **lesen** die Texte des 1. Arbeitsblattes konzentriert durch.
- Die Schüler beantworten die **Fragen** des Arbeitsblattes.
- Es werden **Gruppen** gebildet.
- Die Schüler erstellen in den Gruppen **Plakate** mit Informationen über **Astrid Lindgren** und ihre Kinderbücher.
- Das **zweite Arbeitsblatt** wird ausgeteilt und die Schüler bearbeiten die Aufgaben.

Ergebnissicherung

- Die Schüler **lesen** die Antworten zu den Fragen vor und korrigieren ihre Fehler
- Die Gruppen hängen ihre **Plakate** auf und **präsentieren** sie.

Mögliche Anschlussaktivitäten

- Schüler schreiben auf, was am Anfang des 20. Jahrhunderts in Deutschland anders war als heute im Jahr 2015.
- Die Schüler legen **Tabellen** an und schreiben auf, was in Schweden anders ist als in Deutschland.

Alternativen

- Die Lehrkraft liest den Text über Michel noch einmal vor und die Schüler zählen alle Substantive (Wörter, die auf „n“ enden, ein „n“ und ein „h“ enthalten usw.).
- Die Schüler malen ein Fantasiebild zu den Titelhelden von Astrid Lindgren.
- Die Schüler schreiben eine Fantasiegeschichte mit dem Titel „Immer dieser Michel!“

Lösungen

> **Schweden, das Heimatland von Astrid Lindgren:**
> *2.* 90.250 km^2 – 72,9 Mio. – *3.* 37.285 km^2
> *4.* Samen – Lappland – Schweden – Jäger – Rentierzüchter – Halbnomaden – Winterweiden

Name: Klasse: Datum:

Astrid Lindgren

1. Lies diesen Text genau durch und beantworte dann die unten stehenden Fragen.
2. Unterstreiche alle Substantive rot, Adjektive grün und Verben blau und zähle sie.

Astrid Lindgren über sich selbst
Alles begann so: Im November 1907 erblickte ich in einem alten, roten Haus, das von Apfelbäumen umgeben war, das Licht der Welt. Ich bekam noch zwei Geschwister und so waren wir schließlich vier Kinder wie in den Bullerbü-Büchern. Als ich erwachsen war, ging ich nach Stockholm und machte eine Ausbildung als Sekretärin, heiratete und bekam zwei Kinder, Lars und Karin. Meine Kinder wollten immer, dass ich ihnen Geschichten erzähle und ich erzählte viele Geschichten, aufschreiben wollte ich sie eigentlich nicht. In der Schule hatte man mich manchmal die Selma Lagerlöf von Vimmerby genannt und das hat mir glaube ich Angst gemacht. 1941 lag meine siebenjährige Tochter mit einer Lungenentzündung im Bett und als ich fragte: „Was soll ich dir erzählen?" antwortete sie „Erzähl mir was von Pippi Langstrumpf". Den Namen hatte sie gerade in diesem Augenblick erfunden. 1944, als Karin 10 Jahre alt war, schrieb ich die Pippi Langstrumpf-Geschichten auf, schenkte sie ihr zum Geburtstag und sandte es auch an einen Verlag. Das Schreiben machte mir immer mehr Spaß und ich schrieb weitere Bücher, gewann Wettbewerbe und wurde immer erfolgreicher. Schließlich wurden es über 40 Kinderbücher und noch so einige Texte für Erwachsene, die zum Teil in 30 Sprachen übersetzt wurden.
Kinderbücher: „Pippi Langstrumpf", „Kalle Blomquist", „Ronja Räubertochter", „Die Kinder aus Bullerbü", „Immer dieser Michel", „Karlsson vom Dach", „Die Kinder aus der Krachmacherstraße", „Madita", „Lotta kann fast alles", …
Von 1946 bis 1970 leitete sie die Kinderbuchabteilung beim Verlag Raben & Sjörgren. Sie hatte 7 Enkelkinder und 8 Urenkel. Astrid Lindgren starb am 28. Januar 2002.

Fragen

1. Wann ist Astrid Lindgren geboren und wann gestorben? Wie alt ist sie geworden?
2. Wie viele Kinder, Enkel und Urenkel hatte sie?
3. In welchem Land hat Astrid Lindgren gelebt? In welcher Stadt hat Astrid Lindgren gearbeitet und als was hat sie gearbeitet?

Pippi Langstrumpf

1. Lies diesen Text aus „Pippi Langstrumpf", erstelle eine Tabelle mit 3 Spalten und trage dort jeweils „Substantive", „Adjektive" und „Verben" des Textes ein.

Tipp Wenn du dir am Abend vor dem Einschlafen noch einmal wichtige Infos durchliest und sie damit ins Gedächtnis rufst, landen sie ziemlich sicher in deinem Langzeitgedächtnis, während du schläfst, und am nächsten Tag kannst du sie ohne Probleme abrufen. Wichtig: Auf keinen Fall neue Informationen und neuen Lernstoff am Abend lernen! Das beeinträchtigt deinen Schlaf und deine Träume.

© 2020 Cornelsen Verlag GmbH, Berlin. Alle Rechte vorbehalten.
Die Vervielfältigung dieser Seite ist für den eigenen Unterrichtsgebrauch gestattet. Für inhaltliche Veränderungen durch Dritte übernimmt der Verlag keine Verantwortung.

Erstellt von: Ursula Oppolzer

Name: Klasse: Datum:

Schweden, das Heimatland von Astrid Lindgren

1. Lies den Text und stelle Fragen. Die kursiv gedruckten Wörter sind die Antworten.

Schweden

Schweden ist ein Land im *Norden Europas,* das wie Norwegen, Finnland (und im weitesten Sinne Dänemark) auf der *Halbinsel Skandinavien* liegt. Die *östliche Hälfte des skandinavischen Gebirgszuges* mit einigen *Gipfeln über 2.000 m* gehört zu Schweden. Im Osten wird das Land von der Ostsee begrenzt, im Westen von *Norwegen.* Die vielen *Wasserfälle* werden zur Energieversorgung genutzt. *Ein Zwölftel der Landesfläche* besteht aus Seen. Aus dem waldreichen *Mittelschweden* kommt viel Holz, das zu Möbeln, Papier oder Zellstoff verarbeitet und auch exportiert wird. Schweden ist reich und hoch industrialisiert. Neben der *Stahlerzeugung* spielen z. B. der Schiffbau, die Autoindustrie und auch die chemische Industrie eine bedeutende Rolle. Schweden ist seit fast 1.000 Jahren ein *Königreich.* Die Hauptstadt ist Stockholm. Die Gesetzgebung geht vom *Reichstag* aus, dessen Mitglieder seit 1918 vom ganzen Volk gewählt werden. Im Norden leben noch *Lappen* von der Rentierzucht.

2. Vergleiche die Zahlen von Schweden und Deutschland miteinander, indem du ausrechnest, um wie viel größer oder kleiner die Werte von Schweden jeweils sind.
3. Wenn 1 / 12 der Landesfläche aus Seen besteht, wie groß ist dann die Seefläche?

Schweden	Deutschland
Fläche 447.420 km^2 Einwohner 9,8 Mio.	Fläche 357.170 km^2 Einwohner 82,7 Mio.

(siehe http://wko.at/statistik/eu/europa-bevoelkerung.pdf, letzter Zugriff 16.07.2015)

Lappen

4. Lies diese Sätze über die Lappen und ergänze sie mit den richtigen Wörtern.
5. Schreibe diese Sätze mit der linken Hand ab, wenn du Rechtshänder bist.

1. Die Lappen heißen auch ....
2. Die Lappen leben in ....
3. Zu Lappland zählen Gebiete im nördlichen .... Norwegen, Finnland und angrenzende Teile Russlands.
4. Die Lappen waren ursprünglich Fischer und ....
5. Viele Lappen sind heute ....
6. Als Rentierzüchter sind die Lappen heute entweder sesshaft oder sie sind .... und haben Wohnhütten bei den Sommerweiden und Häuser bei den ....

Halbnomaden – Schweden – Winterweiden – Samen – Lappland – Jäger – Rentierzüchter

© 2020 Cornelsen Verlag GmbH, Berlin. Alle Rechte vorbehalten.
Die Vervielfältigung dieser Seite ist für den eigenen Unterrichtsgebrauch gestattet. Für inhaltliche Veränderungen durch Dritte übernimmt der Verlag keine Verantwortung.

Erstellt von: Ursula Oppolzer

3 Die unendliche Geschichte

Ziel / Leitidee	Die Schüler lernen Michael Ende und einen Ausschnitt aus „Die unendliche Geschichte" kennen. Ihr Leseverständnis wird gefördert, ihre Kreativität angeregt und die Konzentration verbessert.
Klassenstufe	5 / 6 Deu / Bio
Vorbereitung / Material	1 Kopiervorlage in Klassenstärke / Tafel, Kreide, Smartboard
Sozialform	Klassenverband / Einzelarbeit
Kompetenzbereich	Konzentriertes Lesen, Schreiben, Geschichten erfinden, Tabellen erstellen

Hinführung

- Unterrichtsgespräch mit den **Fragen:**

> - *Wer von euch kennt „Die unendliche Geschichte"?*
> - *Weiß jemand, wie der Schriftsteller heißt?*
> - *Was hat Michael Ende noch geschrieben?*

Hauptphase

- Die Lehrkraft schreibt das Thema der Stunde *Michael Ende und „Die unendliche Geschichte"* an die Tafel.
- Die **Lehrkraft liest** ein paar Sätze aus „Die unendliche Geschichte" vor.

> *„Ich heiße Bastian", sagte der Junge, „Bastian Balthasar Bux." „Ziemlich kurioser Name", knurrte der Mann, „mit diesen drei B's." „Na ja, dafür kannst du nichts, hast ihn dir ja nicht selbst gegeben. Ich heiße Karl Konrad Koreander." „Das sind drei K's", sagte der Junge ernst. „Hm", brummte der Alte, „stimmt!"*
> *Er paffte einige Wölkchen. „Na ja, ist ja auch ganz gleich, wie wir heißen, da wir uns ja doch nicht wieder sehen. Jetzt möchte ich nur noch eins wissen, nämlich wieso du vorhin mit solchem Karacho in meinen Laden eingebrochen bist. Machte ganz den Eindruck, als ob du auf der Flucht gewesen wärst. Stimmt das?" Bastian nickte.*
>
> *Michael Ende: Die unendliche Geschichte*
> *© 1979 Thienemann in der Thienemann-Esslinger Verlag GmbH, Stuttgart*

- Die Schüler versuchen im **Klassenverband** zu allen Buchstaben des Alphabetes einen Namen zu erfinden mit 3 gleichen Buchstaben.
- **Das Arbeitsblatt wird ausgeteilt.**
- Die Schüler bearbeiten alle Aufgaben in **Einzelarbeit**.

Ergebnissicherung

- Die Schüler **lesen** die Lösungen vor und korrigieren eventuelle Fehler.
- Ein paar Schüler **lesen** ihre „Unendliche Geschichte" vor.

Mögliche Anschlussaktivitäten

- Die **Schüler erzählen** im Klassenverband eine „unendliche Geschichte", die mit einem Satz beginnt, der ganz am Anfang der unendlichen Geschichte steht: Beispiel: „Draußen war ein grauer, kalter Novembermorgen, und es regnete."
- Die Schüler nennen im Klassenverband möglichst viele **Buchtitel.**
- Die Schüler schreiben mindestens 10 Buchtitel auf und **erfinden eine Geschichte,** in der diese Buchtitel vorkommen.
- Die Schüler suchen im **Klassenverband** möglichst viele Wörter, die mit „un" beginnen wie „unendlich".

Alternativen

- Die **Lehrkraft liest** den Text über Bastian noch einmal vor und die Schüler zählen alle Wörter mit einem Doppelkonsonannten. *(Lösung: 9 x)*
- Die Schüler malen zu „Die unendliche Geschichte" oder zu „Momo" ein Fantasiebild.

Aktivierungsaufgaben

- Die Schüler schreiben wichtige Begriffe, Vokabeln, Fremdwörter – als Rechtshänder – mit der linken Hand in die Luft.
- Die Schüler schreiben kurze Sätze (Regeln) mit der linken Hand in die Luft.
- Die Schüler malen Figuren mit der linken Hand in die Luft.
- Die Schüler schreiben Begriffe, Vokabeln, Fremdwörter mit beiden Händen gleichzeitig in die Luft.

Scherzfragen

Wer hat keinen Körper und ist doch sichtbar?
Was fällt durch die Fensterscheiben, ohne sie zu zerbrechen?
Welcher Ring ist nicht rund?

Lösung

Koriander und Co.: *3.* Koriander, Petersilie, Schnittlauch, Oregano, Basilikum, Rosmarin, Thymian, Salbei, Paprika, Kresse, Pfeffer
Zuordnung: *4.* Koriander: Samenkörner einer dillähnlichen Pflanze = Wanzenkraut, Pfeffer: Beeren einer tropischen Pflanze, Muskat: Nüsse eines tropischen Baumes, Nelken: getrocknete Blütenknospen eines Baumes im Mittelmeerraum, Safran: getrocknete Blütennarben eines Zwiebelgewächses
Scherzfragen: Schatten, Licht, Boxring

Name: Klasse: Datum:

Die unendliche Geschichte

1. Lies diesen Abschnitt aus „Die unendliche Geschichte", erstelle eine Tabelle mit 3 Spalten:

Substantive	Adjektive	Verben

2. Schreibe mit den Wörtern der Tabelle eine eigene „unendliche Geschichte".

„Wahrscheinlich hast du eine Ladenkasse ausgeraubt", vermutete Herr Koreander, „oder eine alte Frau niedergeschlagen oder was euereins heutzutage so macht. Ist die Polizei hinter dir her, mein Kind?" Bastian schüttelte den Kopf. „Heraus mit der Sprache", sagte Herr Koreander, „vor wem bist du weggelaufen?" – „Vor den anderen." „Vor welchen anderen?" „Den Kindern aus meiner Klasse." „Warum?" „Sie … sie lassen mich nie in Ruhe." „Was tun sie denn?" „Sie lauern mir nach der Schule auf." „Und weiter?" „Dann schreien sie lauter so Sachen. Sie schubsen mich herum und lachen über mich." „Und das lässt du dir einfach so gefallen?" Herr Koreander betrachtete den Jungen eine Weile missbilligend und fragte dann: „Warum gibst du ihnen nicht einfach eins auf die Nase?" Bastian schaute ihn groß an. „Nein, das mag ich nicht. Und außerdem kann ich nicht boxen."

Michael Ende: Die unendliche Geschichte © 1979 Thienemann in der Thienemann-Esslinger Verlag GmbH, Stuttgart

Koriander und Co.

3. Koreander ist ein Name, Koriander ist ein Gewürz. Suche so schnell wie möglich die 11 Gewürznamen, indem du Silben richtig zusammensetzt.

ROS BA PFEF PE MA TER PAP RIN
SI RI THY O SAL AN RI DER AN
LIE GA KRES SI SCHNITT BEI LI KO
LAUCH SE KUM NO RE KA MI FER

Zuordnung

4. Ordne die Beschreibungen den richtigen Gewürznamen zu.

Koriander	Beeren einer tropischen Pflanze
Pfeffer	Samenkörner einer dillähnlichen Pflanze = Wanzenkraut
Muskat	getrocknete Blütenknospen eines Baumes im Mittelmeerraum
Safran	Nüsse eines tropischen Baumes
Nelken	getrocknete Blütennarben eines Zwiebelgewächses

Tipp Wenn du öfter einmal eine super Idee hast, dann lasse sie nicht verloren gehen. Lege dir in einem Heft, in einer Kartei oder im Computer eine Ideensammlung an.

© 2020 Cornelsen Verlag GmbH, Berlin. Alle Rechte vorbehalten.
Die Vervielfältigung dieser Seite ist für den eigenen Unterrichtsgebrauch gestattet. Für inhaltliche Veränderungen durch Dritte übernimmt der Verlag keine Verantwortung.

Erstellt von: Ursula Oppolzer

Die Zeit der Ritter und Burgen

4

Ziel / Leitidee	Die Schüler ermitteln mithilfe eines Lücken- und eines informativen Textes Wissen über das Mittelalter.
Klassenstufe	5 / 6 Ge / Deu
Vorbereitung / Material	3 Kopiervorlagen in Klassenstärke / Tafel, Kreide / Scheren
Sozialform	Klassenverband / Partnerarbeit / Einzelarbeit
Kompetenzbereich	Konzentriertes Lesen, Zusammenhänge erkennen, Informationen zuordnen, Fragen, Geschichten erfinden, *Tabellen erstellen*

Hinführung

- Mündliches **Brainstorming** im Klassenverband zum Thema „Mittelalter".

Hauptphase

- Die Lehrkraft schreibt das Thema *Die Zeit der Ritter und Burgen* an die Tafel.
- **Das erste Arbeitsblatt** wird ausgeteilt.
- Die Schüler lösen den Lückentext in **Partnerarbeit.**
- **Das zweite Arbeitsblatt** wird ausgeteilt.
- Die Schüler bearbeiten die Aufgaben in **Einzelarbeit.**
- **Das dritte Arbeitsblatt** wird ausgeteilt und in **Einzelarbeit** bearbeitet.

Ergebnissicherung

- Die Schüler **lesen** die Lösungen des Arbeitsblattes vor und korrigieren Fehler.
- Ein paar Schüler **lesen** ihre „Geschichten" vor.

Mögliche Anschlussaktivitäten

- Die Schüler stellen in einer **Tabelle** das Leben einer Hausfrau im Mittelalter und heute gegenüber.

Lösung

„Die Zeit der Ritter" ohne Ende: 1. Mittelalters, 2. Zisterne, 3. Vasallen, 4. Pechnasen, 5. Motten, 6. Kemenaten, 7. Rittersaal, 8.Truhen, 9. Pfalz, 10. Barbarossa, 11. Katapult, 12. Morgenstern, 13. Toilette, 14. Troubadour, 15. Holzzuber, 16. Pest **M I:** *1. B*auern / Kartoffeln gibt es noch nicht in Europa / Gabeln wurden im Mittelalter noch nicht verwendet / Tongeschirr und Zinngeschirr / Kaffee war noch nicht bekannt / Bier / Salz / Zucker / Honig / Turnierplätzen / Pferd / Axt / Sonnenaufgang / manchmal / Holzzuber / Knappe / Tischsitten / Eisen / Waffe / Handschuh / Strauchritter / Kreuzritter / Jerusalem / roter Bart / **M II:** *3.* 9 x au, 14 x ei, 11 x ie

Name: Klasse: Datum:

„Die Zeit der Ritter“ ohne Ende

1. Schreibe die passenden Begriffe in die Lücken.

Tipp Im Kasten stehen alle Lösungen, allerdings ein wenig durcheinander.

2. Falte 2 leere Blätter 3 x so, dass jeweils 8 Felder entstehen, und schneide diese Felder aus. Nun hast du 16 Kärtchen.

3. Wandle die Sätze in Fragen um, schreibe sie auf die Vorderseite kleiner Kärtchen und auf deren Rückseiten die Lösungswörter.

1. Die Ritter lebten in der Zeit des M........................ .
2. Die großen Behälter in den Burghöfen nennt man Z........................ .
3. Die Ritter vom König nennt man V........................ .
4. Die Löcher in den Ringmauern einer Burg, durch die heißes Pech, Öl oder Wasser auf die Feinde gegossen wurden, nennt man P........................ .
5. Die hölzernen Vorläufer späterer Burgen heißen M........................ .
6. Die Zimmer der Frauen auf einer Burg, die – außer dem Rittersaal – die einzigen Räume waren, die beheizt werden konnten, heißen K........................ .
7. Den größten Raum einer Burg nennt man R........................ .
8. Die Kleidung wurde aufbewahrt in T........................ .
9. Eine Burg für Könige und Fürsten nennt man P........................ .
10. Der Beiname des Kaisers Friedrich I. ist B........................ .
11. Das Gerät, mit dem die Feinde große Steine über die Burgbauern schossen, heißt K........................ .
12. Die Waffe der Ritter – eine Eisenkugel mit spitzen Dornen an einer Kette – heißt M........................ .
13. Das „heymlich Gemach“ auf der Burg ist die T........................ .
14. Den fahrenden Sänger des Mittelalters in Frankreich nennt man T........................ .
15. Die Ritter badeten im H........................ .
16. Der „schwarze Tod“ wird diese Krankheit des Mittelalters genannt: P........................ .

Mittelalter – Vasallen – Pechnasen – Motten – Kemenaten – Rittersaal – Pfalz – Barbarossa – Katapult – Morgenstern – Holzzuber – Pest – Troubadour – Truhen – Zisterne – Toilette

Eselsbrücke *Eins – vier – neun und zwei Kolumbus entdeckt Amerika dabei*
Kontinent, den bereits der Wikinger Leif Erikson viele Jahre vorher betreten hatte

© 2020 Cornelsen Verlag GmbH, Berlin. Alle Rechte vorbehalten.
Die Vervielfältigung dieser Seite ist für den eigenen Unterrichtsgebrauch gestattet. Für inhaltliche Veränderungen durch Dritte übernimmt der Verlag keine Verantwortung.

Erstellt von: Ursula Oppolzer

Name: Klasse: Datum:

Das Mittelalter I

1. *In diesem Text über das Mittelalter haben sich 10 sachliche Fehler eingeschlichen. Finde bei den hervorgehobenen Wörtern heraus, was hier nicht stimmen kann und stelle es richtig.*
2. *Unterstreiche alle Substantive und umkreise alle Namen.*

Das Mittelalter war die Zeit 500 – 1500 n. Chr. Die meisten Menschen in Deutschland waren **Adlige.** Burgherren aßen an Feiertagen Fleisch und **Kartoffeln** mit großen Messern und **Gabeln** und sonst hauptsächlich Brot und Brei aus **Porzellanschüsseln und später Silbergeschirr.** Die Erwachsenen tranken gern **Kaffee.** Das billigste und keimfreie Getränk war das **Wasser,** das auch den Kindern gegeben wurde. **Senf** war so kostbar, dass es die Burgherrin verschloss. Es war wichtig für die Haltbarmachung von Nahrungsmitteln. **Pfeffer** wurde aus Indien geholt und „indisches Salz" genannt. Obst wurde mit **Zucker** haltbar gemacht. Es gab keine Tische wie heute, sondern es wurden Bretter auf Holzböcke gelegt. Am Ende der Mahlzeit wurden die Bretter mit allem darauf weggetragen, „die Tafel wurde aufgehoben". Das Mittelalter war die Zeit der Ritter. Die Ritter verteidigten die Burgen und kämpften. In Friedenszeiten waren „Turniere" große Mode. Das sind Kampfspiele, bei denen die Ritter ihr Können zeigen konnten. Sie kämpften auf **Burghöfen** mit Lanzen und der Verlierer musste seinen **Ochsen** und seine Rüstung abgeben und oft ein Lösegeld bezahlen. Jeder Ritter besaß außer seiner Lanze und seinem Schwert ein **Gewehr.** Wenn ein Ritter für jemanden eine „Lanze brach", so bedeutete das, er kämpfte für einen anderen. Morgens wurden die Ritter vom **Wecker** geweckt und dann nahmen sie **täglich** ein Bad in einer **Metallbadewanne.** Jungen begannen ihre Ausbildung zum Ritter mit 7 Jahren. Bis zum 14. Geburtstag lernten die Kinder Reiten, Schwimmen, Bogenschießen, den Faustkampf und Vogelfallen aufstellen. Dann wurde aus dem Pagen ein **Krappe.** Auf dem Hof eines anderen Ritters lernte er Kampftechniken, gute Manieren, **Schnitzen,** Tanzen und auch Brettspiele. Im Krieg musste er seinen Herrn begleiten und ihn schützen. Mit 21 Jahren wurde der Knappe zum Ritter. Die Ritterrüstung war aus **Silber** und kostete mehr als 45 Kühe. Die **Schusswaffe mit Schießpulver** heißt Armbrust. Wenn der Ritter etwas „im Schilde führte", so ritt er in die Schlacht. Als Zeichen der Herausforderung warfen die Ritter ihrem Feind einen **Schuh** vor die Füße. **Buschritter** waren verarmte Ritter, die beim König oder Kaiser in Ungnade gefallen waren oder irgendwie ihr Land verloren hatten. Es gab **Karoritter,** die an den Kreuzzügen ins Heilige Land teilnahmen und die Stadt **Rom** und andere christliche Stätten von den Moslems befreien wollten. Kaiser Friedrich I hatte einen **pechschwarzen Bart** und erhielt deshalb den Beinamen „Barbarossa".

Tipp Notiere dir wichtige Infos groß und deutlich. Unterstreiche sie, rahme sie ein und verwende unterschiedliche Farbstifte. Spare nicht am Papier! Je mehr Platz du zwischen den Infos lässt und je größer du schreibst, desto leichter kann dein Gehirn die Infos abspeichern.

© 2020 Cornelsen Verlag GmbH, Berlin. Alle Rechte vorbehalten.
Die Vervielfältigung dieser Seite ist für den eigenen Unterrichtsgebrauch gestattet. Für inhaltliche Veränderungen durch Dritte übernimmt der Verlag keine Verantwortung.

Erstellt von: Ursula Oppolzer

Name: Klasse: Datum:

Das Mittelalter II

1. Lies diese Texte über das Mittelalter und ergänze die jeweils zwei fehlenden Vokale.
2. Erstelle einen Fragebogen – die Lösungswörter sind kursiv gedruckt.
3. Zähle so schnell wie möglich alle „au", „ei", „ie".

Hausfrau im Mittelalter

Fr....en h....raten oft schon mit *14 Jahren* v....le bringen *10 Kinder* und mehr zur Welt. D.... Mutter des berühmten Künstlers *Albrecht Dürer* gebar (zwischen 1468–1492) 18 Kinder und nur dr.... err....chten das Erwachsenenalter. V....le Babys sterben schon bald nach der Geburt und oft sterben auch die Mütter. Man wusste kaum etwas über *Empfängnisverhütung* und so kam es zu den häufigen Schwangerschaften. Man verwendete geschmolzenes B....nenwachs, ...gelb, Walnussblätter, Zw....beln, Seetang und Gras oder Lumpen, um das ....ndringen der Samenzellen zu verhindern oder sie abzutöten. Die *Kinder der Bauern* gingen nicht zur Schule, sondern mussten ab dem 7. Lebensjahr arb....ten. *Mädchen* lernten spinnen und weben und kochen und die *Jungen* mussten bei der Feldarb....t helfen. Die *Kinder von Adligen* verl....ßen mit 7 Jahren ihr Elternhaus; sie gingen ins Kloster. Die Jungen besuchten dort d.... Schule, um später ....n g....stliches oder weltliches Amt zu übernehmen oder um Mönch zu werden. Viele Mädchen wurden zu den Nonnen gegeben, um später selbst Nonne zu werden. Die jungen Adligen, d.... nicht ins Kloster gingen, traten in den D....nst eines Burgherren und wurden zum Ritter ....sgebildet. Frauen besaßen wenig Rechte. Wen sie h....rateten, das bestimmten die Famil....n. Sie verhandelten über Mitgift und Wittum (die Witwenversorgung) der Fr....en, denn das Geld sp....lte bei der Hochz....t die größte Rolle. Sch....dungen gab es im Mittelalter nicht, nur eine räumliche Trennung bei Ehebruch, Trunkenh....t der Fr...., Nichtvollzug der Ehe, ansteckende Krankh....ten und ketzerische religiöse ....ffassungen. Männer durften ihre Fr....en schlagen, grobe Misshandlungen sollten jedoch verm....den werden. Beging eine Fr.... Ehebruch, durfte der Ehemann seine Fr.... töten. Fr....en mussten alles machen, was ihre Männer sagten.

Leben auf dem Land

Schreibe alle Wörter mit einem Umlaut heraus und erfinde eine kleine Geschichte, in der diese Wörter vorkommen.

Die meisten Menschen im Mittelalter waren Bauern und lebten auf dem Land. In den Bauernhäusern, in denen es nur einen Raum gab, war es dunkel, da es noch keine Fenster gab, und die kleinen Löcher wurden zum Schutz vor Wind und Kälte mit einem Weidengeflecht oder mit einem hölzernen Gitter verschlossen. Die Wände bestanden aus Holz oder aus Lehm, mit Stroh vermischt, und auch die Dächer wurden mit Stroh, Schilf oder Schindeln gedeckt. Der Fußboden bestand aus gestampftem Lehm oder aus Holzbrettern. Es gab eine offene Feuerstelle zum Kochen und Wärmen. Der Rauch zog durch ein Loch in der Decke ab. In einigen Landesteilen Deutschlands lebten auch die Tiere wie Hühner und Schweine mit in diesem Raum und so war es sehr laut und die Luft sehr schlecht.

© 2020 Cornelsen Verlag GmbH, Berlin. Alle Rechte vorbehalten.
Die Vervielfältigung dieser Seite ist für den eigenen Unterrichtsgebrauch gestattet. Für inhaltliche Veränderungen durch Dritte übernimmt der Verlag keine Verantwortung.

Erstellt von: Ursula Oppolzer

Wissensquiz

5

Ziel / Leitidee	Die Schüler erweitern auf spielerische Art Wissen und trainieren genaues Zuhören und die Konzentration.
Klassenstufe	5 / 6 Deu / Ek / Bio / Allgemeinwissen
Vorbereitung / Material	DIN-A7-Kärtchen (werden von den Schülern hergestellt) / 1 Kopiervorlage in Klassenstärke / 1 Kopiervorlage zweimal
Sozialform	Klassenverband / Einzelarbeit / Gruppenarbeit
Kompetenzbereich	Konzentriertes Lesen, Fragebögen erstellen, Recherchieren

Hinführung

- Unterrichtsgespräch mit den **Fragen:**

> - *Kennt ihr Quizsendungen im Fernsehen?*
> - *Welche Quizsendungen mögt ihr am liebsten?*

Hauptphase

- Jeder Schüler stellt aus einem Blatt **durch Falten und Schneiden 8 Rechtecke** her.
- Es wird im Klassenverband immer wieder von 1 bis 6 durchgezählt.
- Wer die 1 hat, malt seine Rechtecke rot, die 2 malt sie gelb, die 3 blau, die 4 grün, die 5 rosa und die 6 orange. **Die Kärtchen werden** – nach Farben geordnet – **auf das Pult gelegt.**
- Die Lehrkraft erklärt den Schülern, wie diese Quizsendung abläuft:
- Der Moderator erhält ein Blatt mit Feststellungen und liest eine nach der anderen vor.
- Die Schüler laufen zum Pult (richtig) oder zur gegenüberliegenden Wand (falsch).
- Der Moderator klärt jeweils, ob die Feststellung richtig oder falsch ist, und erläutert bei der falschen Feststellung den richtigen Sachverhalt.
- Die Schüler am Pult erhalten jeweils ein Rechteck in einer bestimmten Farbe.
- Sieger der Quizsendung ist, wer am Ende die meisten Rechtecke besitzt.

Ergebnissicherung

- Die Schüler erhalten ein Arbeitsblatt mit den Richtigstellungen, entwickeln einen **Fragebogen** zu den kursiv gedruckten Begriffen und eine Antwortliste und lesen vor.

Mögliche Anschlussaktivitäten

- Die Schüler **recherchieren** und schreiben weitere Feststellungen auf und lassen im Klassenverband die Richtigkeit klären.

Name: Klasse: Datum:

Richtige und falsche Behauptungen

1. Entscheide dich, ob diese Behauptungen richtig oder falsch sind. Wenn du es nicht weißt, dann rate einfach.

Behauptung	richtig	falsch
1. Kinder und Erwachsene fahren seit 1879 mit dem Fahrrad.		
2. Es gibt einen Puter, den man nicht essen kann.		
3. Das Licht am Fahrrad leuchtet mithilfe einer Batterie.		
4. Eisbären und Pinguine können sich am Südpol treffen.		
5. Stahl ist leichter als Wasser, deshalb können Schiffe schwimmen.		
6. Das Känguru kann über 13 m springen.		
7. Es gibt Birnen, die beim Häuserabreißen mithelfen.		
8. Nylon ist eine Kunstfaser.		
9. Die Lärche ist ein Vogel.		
10. Der Walhai ist der schwerste Fisch.		
11. Das Sonnenlicht besteht aus mehreren Farben.		
12. Das Gestein Basalt entsteht bei Vulkanausbrüchen.		
13. Es gibt Mäuse, die fliegen können.		
14. Limousinen sind eine Zitronenart.		

Tipp Wenn du dir die Schreibweise bestimmter Wörter nicht merken kannst, dann versuche einmal diesen Trick: Bilde einen kurzen Satz, in dem das schwierige Wort vorkommt und mindestens ein Wort, das ähnlich geschrieben wird und du mühelos schreiben kannst. *Beispiel: Christine isst in der Kantine eine Mandarine.*

Lösungen

***Richtige und falsche Behauptungen:** 1. r 1879 wurde das Niederrad mit Kettenantrieb hergestellt. – 2. r Computer – 3. f Das Licht wird mithilfe eines Dynamo erzeugt. – 4. f Eisbären leben am Nordpol, Pinguine am Südpol. – 5. f Stahl ist schwerer als Wasser. – 6. r – 7. r Abrissbirnen – 8. r – 9. f ein Nadelbaum, der Vogel heißt Lerche – 10. r – 11. r Spektralfarben Violett, Blau, Grün, Gelb, Rot – 12. r – 13. r Fledermäuse sind auch Säugetiere, aber keine Mäuse – 14. f Limousinen sind Autos, Limetten sind eine Zitronenart.*

© 2020 Cornelsen Verlag GmbH, Berlin. Alle Rechte vorbehalten.
Die Vervielfältigung dieser Seite ist für den eigenen Unterrichtsgebrauch gestattet. Für inhaltliche Veränderungen durch Dritte übernimmt der Verlag keine Verantwortung.

Erstellt von: Ursula Oppolzer

Essen zur Zeit der Römer

6

Ziel / Leitidee	Die Schüler erhalten Informationen über das Leben der Römer und trainieren Konzentration und Merkfähigkeit.
Klassenstufe	5 / 6 Ge / Ek / Deu / Bio
Vorbereitung / Material	1 Kopiervorlage in Klassenstärke / Tafel, Kreide oder Smartboard
Sozialform	Klassenverband / Einzelarbeit
Kompetenzbereich	Konzentriertes Lesen, Zusammenhänge erkennen, Fragen stellen, Infos zuordnen, Recherchieren, *Plakate erstellen*

Hinführung

- Mündliches **Brainstorming** im Klassenverband zum Thema „Römer".

Hauptphase

- Die Lehrkraft schreibt das Thema der Stunde *Zur Zeit der Römer* an die Tafel.
- **Das Arbeitsblatt wird ausgeteilt.**
- Die Schüler bearbeiten alle Aufgaben in **Einzelarbeit.**

Ergebnissicherung

- Die Schüler **lesen** die Lösungen des Arbeitsblattes vor und korrigieren eventuelle Fehler.

Mögliche Anschlussaktivitäten

- Die Schüler erstellen ein **Plakat** zu den Texten über die Römerzeit.

Lösung

Zur Zeit der Römer:

Römer:	lebten im römischen Reich, das etwa vom 8. Jahrhundert v. Chr. bis zum 7. Jahrhundert n. Chr.
Legionäre:	Soldaten einer Heereseinheit mit 3.000–6.000 Soldaten
Gladiatoren:	Berufskämpfer, die in öffentlichen Schaustellungen kämpften; die ersten Gladiatorenspiele fanden in Rom 264 v. Chr. statt
Sauerampfer:	eine Pflanzenart, die zur Familie der Knöterichgewächse gehört und als Wildgemüse wie auch als Heilpflanze verwendet wird
Frikassee:	feingeschnittenes Fleisch
Taverne:	eine Gastwirtschaft
Austern:	eine Muschelart, die man an den Felsen flacher Gezeitengewässer findet; sie werden aber auch gezüchtet

Name: Klasse: Datum:

Zur Zeit der Römer

1. *Lies diesen Informationstext gut durch und beantworte dann die Fragen.*
2. *Kläre die kursiv gedruckten Begriffe. Du findest die Erklärungen in den kleinen Kästchen. Schreibe die jeweils richtigen Lösungswörter zu den Erklärungen.*

Die *Römer* gingen in öffentliche Badeanstalten, um sich zu entspannen und auch um zu essen. Es gab Gerichte aus Eiern von Hühnern, Enten, Gänsen, manchmal von Pfauen, und dazu Gemüse und Salate. Dicke Bohnen, Kichererbsen, Erbsen und *Lupinen* waren nur bei Bauern, Schmieden, *Legionären* und *Gladiatoren* begehrt. Linsen aus Ägypten waren auch bei Feinschmeckern begehrt. Kohl wurde mit Essig gekocht. *Sauerampfer,* Brennnessel, Bockshornklee, Meldeblätter, Malvenblätter, Holunderblätter wurden zu Mus gekocht und stark gewürzt. Auch Pilze wie Kaiserschwämme, Steinpilze, Champignons und Trüffel wurden als Vorspeise gereicht. Gegessen wurden auch geschmorte und gesalzene Schnecken, rohe oder gekochte Muscheln, Seeigel und kleine Fische. Fleisch vom Siebenschläfer und kleine Vögel wie die Wacholderdrossel waren beliebt. Getrunken wurde dazu „*Mulsum*", eine Wein-Honig-Mischung. In den Straßen Roms gab es Geschäfte, die warme Speisen servierten, und in den vielen *Tavernen* konnte man Mahlzeiten einnehmen und auch mitnehmen und köstlichen Wein trinken. Viele Römer hatten keine Kochstelle in ihrer Wohnung und so gingen sie gern auswärts essen. Zur Zeit des Kaisers Vitellus, der von 12 n. Chr. bis 69 n. Chr. lebte, gab es oft einen römischen Festschmaus mit edlen Fischen, Gerichten aus Pfauenhirnen, Makrelenlebern, Flamingozungen, Vogelherzen und Lammnierchen, Seeigeln, *Austern,* Muscheln, Drosseln mit Spargel, Masthühnern, Geflügelpasteten, Schnecken, Enten*frikassee,* Hasenbraten, gebackenem Geflügel.

Fragen

1. *Wo wurde bei den Römern gegessen?*
2. *Welche Gemüse haben die Römer gegessen?*
3. *Welche Tiere wurden von den Römern verspeist?*
4. *Was ist „Mulsum"?*

	lebten im römischen Reich, das etwa vom 8. Jahrhundert v. Chr. bis zum 7. Jahrhundert n. Chr. dauerte.		feingeschnittenes Fleisch
	Soldaten einer Heereseinheit mit 3.000–6.000 Soldaten zur Römerzeit		eine Gastwirtschaft
	Berufskämpfer, die in öffentlichen Schaustellungen gegeneinander kämpften; die ersten Gladiatorenspiele fanden in Rom 264 v. Chr. statt		eine Muschelart, die man an den Felsen flacher Gezeitengewässer findet; sie werden aber auch gezüchtet und sind für manche Menschen eine leckere, nahrhafte Speise
	eine Pflanzenart, die zur Familie der Knöterichgewächse gehört und als Wildgemüse wie auch als Heilpflanze verwendet wird		Getränk: Wein-Honig-Mischung

© 2020 Cornelsen Verlag GmbH, Berlin. Alle Rechte vorbehalten.
Die Vervielfältigung dieser Seite ist für den eigenen Unterrichtsgebrauch gestattet. Für inhaltliche Veränderungen durch Dritte übernimmt der Verlag keine Verantwortung.

Erstellt von: Ursula Oppolzer

Kreuzworträtsel: Menschen und Völker

7

Ziel / Leitidee	Die Schüler erweitern ihr Wissen über Menschen und Völker mithilfe eines Kreuzworträtsels.
Klassenstufe	5 / 6 Deu / EK / Allgemeinwissen
Vorbereitung / Material	2 Kopiervorlagen in Klassenstärke / Plakatpapier, Klebestreifen / Tafel, Kreide
Sozialform	Klassenverband / Gruppenarbeit
Kompetenzbereich	Konzentriertes Lesen, Informationen zuordnen

Hinführung

- **Brainstorming** zum Thema „Menschen und Völker".

Hauptphase

- Die Lehrkraft schreibt *Menschen und Völker* an die Tafel.
- Es werden **Gruppen** gebildet.
- Das **Arbeitsblatt wird ausgeteilt.**
- Die Schüler lösen in den **Gruppen** gemeinsam das Kreuzworträtsel.

Ergebnissicherung

- Die Gruppen legen ihre Kreuzworträtsel offen auf ihre Tische.
- Die Schüler gehen herum und vergleichen ihre Lösungen.
- Die Schüler lesen im **Klassenverband** nacheinander die Lösungen vor.

Mögliche Anschlussaktivitäten

- Schüler **erzählen** eine Geschichte, in der einige Lösungswörter vorkommen.
- Die Schüler schreiben Eskimo-Sätze, d. h. jedes Wort eines Satzes beginnt mit einem der 6 Buchstaben. Beispiel: ***E**s **s**pielen **k**leine **I**ndianer **m**it **O**pas.*

Lösungen

Kreuzworträtsel:

Waagerecht: 1. Moskau 2. Spanien 3. Tuareg 4. Buschmaenner 5. Poncho 6. Eskimos 7. Tipi 8. Gauchos 9. Pfahlbauten 10. Disneyland 11. Safari 12. Moschee 13. Nomaden

Senkrecht: 1) Sauerkraut 2) Synagoge 3) Massai 4) Koran 5) Kilt 6) Kimono 7) Totempfahl 8) Sari 9) Plumpudding 10) Dollar 11) Maori 12) Turban 13) Iglus

Name: Klasse: Datum:

Kreuzworträtselfragen: Menschen und Völker

1. Löse dieses Kreuzworträtsel möglichst schnell: Die fettgedruckten Buchstaben kommen jeweils im Lösungswort vor, die unterstrichenen Buchstaben sind die Anfangsbuchstaben der Lösungswörter!

Waagerecht

1. Wenn du auf dem Roten Platz ein Stück Kuchen isst, in welcher Stadt bist du dann? Mo....
2. In welchem Land isst man gern Paella? Sp....
3. Welches Volk lebt in Afrika, in der Sahara und in der Savanne? Tu....
4. Wie nennt man die Menschen, die in Afrika in der Wueste Kalahari leben? Bu....
5. Wie nennt man den südamerikanischen Umhang mit einem Loch für den Kopf? Po....
6. Welches Volk lebt in Groenland? E....
7. Wie heißen die spitzen Zelte der nordamerikanischen Indianer? Ti....
8. Wie nennt man die Viehhirten Suedamerikas? G....
9. Wie nennt man Häuser, die auf Pfaehlen gebaut werden? Pf....
10. Wie heißt der bekannteste Vergnügungspark der Welt in den USA? D....
11. Wie nennt man Reisen, die von Touristen in Afrika unternommen werden, um Tiere zu beobachten? Sa....
12. Wie nennt man das schöne Gotteshaus der Moslems? M....
13. Wie nennt man Menschen, die umherziehen auf der Suche nach Weideflächen für ihre Herden? N....

Senkrecht

1) Welches Gemüse fällt einem Ausländer ein, wenn er an Deutschland denkt? Sa....
2) Wo gehen Juden hin, um zu beten? Es heißt auch „Haus der Versammlung"? Sy....
3) Wie nennt man ein bekanntes Hirtenvolk, das in Afrika östlich des Viktoriasees im Hochland von Kenia und Tansania leben? Ma....
4) Wie heißt das heilige Buch des Islam? Der Name beginnt mit Ko.....
5) Wie nennt man das traditionelle Kleidungsstück der schottischen Männer? K....
6) Wie nennt man die traditionellen Gewänder der Japaner? Ki.....
7) Wie nennt man hohe, gerade Baumstämme, die von den Indianerstämmen Nordamerikas aufgestellt worden sind? To....
8) Wie nennt man das Gewand indischer Frauen? Sa....
9) In England gibt es einen Pudding, der gar kein Pudding ist? Wie heißt er? Pl....
10) Mit welchen Geldnoten bezahlt der Amerikaner in den USA? D....
11) Wie nennt man die Ureinwohner Neuseelands? Ma....
12) Wie nennt man den langen Streifen aus Seide oder Baumwolle, den sich die männlichen Sikhs um den Kopf schlingen? Tu....
13) Wie heißen die Behausungen der Eskimos? I....

© 2020 Cornelsen Verlag GmbH, Berlin. Alle Rechte vorbehalten.
Die Vervielfältigung dieser Seite ist für den eigenen Unterrichtsgebrauch gestattet. Für inhaltliche Veränderungen durch Dritte übernimmt der Verlag keine Verantwortung.

Erstellt von: Ursula Oppolzer

Name: Klasse: Datum:

Kreuzworträtsel

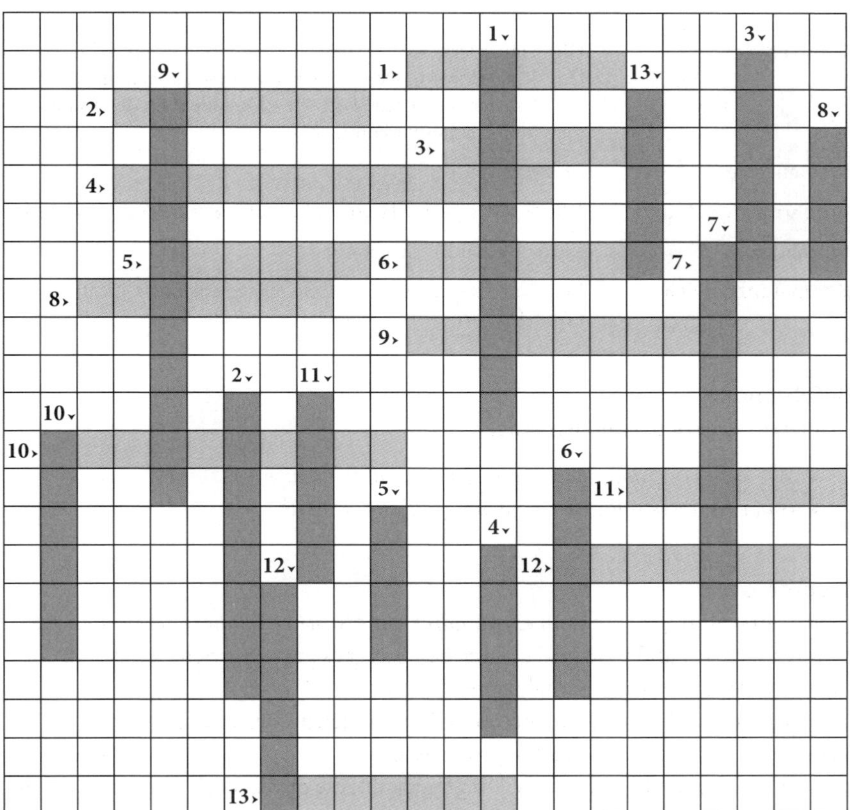

Tipp Mache deinen Erfolg sichtbar. Wenn dir etwas gelungen ist, wenn du eine gute Note erhalten hast oder dir jemand eine Freude macht, dann male dir doch ein lachendes Smiley in deinen Kalender, auf die Vorder- oder Rückseite einer Mappe, in dein Tagebuch oder in ein spezielles kleines Heft, das Smiley-Heft. Wenn es dann mal nicht so super läuft, schaust du dir die Smileys an. Das gibt dir wieder Mut und Kraft.

© 2020 Cornelsen Verlag GmbH, Berlin. Alle Rechte vorbehalten.
Die Vervielfältigung dieser Seite ist für den eigenen Unterrichtsgebrauch gestattet. Für inhaltliche Veränderungen durch Dritte übernimmt der Verlag keine Verantwortung.

Erstellt von: Ursula Oppolzer

8 Quadrat mit 3 Strichen

Ziel / Leitidee	Die Schüler lernen, Probleme von mehreren Seiten zu betrachten, sich kreativ mit Denkaufgaben zu beschäftigen und erfahren, dass mathematische Formen auch außerhalb des Mathematikunterrichtes vorkommen.
Klassenstufe	5 / 6 Ma / Deu
Vorbereitung / Material	1 Kopiervorlage in Klassenstärke / Tafel, Kreide oder Smartboard
Sozialform	Klassenverband / Partnerarbeit
Kompetenzbereich	Konzentriertes Lesen, Zusammenhänge erkennen, kreative Lösungen suchen, Schreiben, Wörter suchen

Hinführung

- Unterrichtsgespräch mit den **Fragen:**

> - *Wie sieht ein Quadrat aus, welche Eigenschaften hat es?*
> - *Gibt es in diesem Raum Dinge, die quadratisch sind?*

Hauptphase

- Die Lehrkraft fragt: *Wer kann ein Quadrat mit 3 Strichen an die Tafel zeichnen?*
- Im **Klassenverband** wird geklärt, welche Lösung es gibt. (3 Striche werden in ein Quadrat hinein- oder außerhalb gezeichnet.)
- Die Schüler **zeichnen** auf einem leeren Blatt 18 gleich große Quadrate.
- Die Lehrkraft fragt: Was ist alles quadratisch?
- Im Klassenverband werden viele Dinge genannt, die quadratisch sind bzw. von einer Seite betrachtet quadratisch aussehen.
- Die Schüler **zeichnen** in jedes Quadrat etwas hinein oder um jedes Quadrat etwas herum, so dass Bilder entstehen. Jeder Schüler versucht möglichst viele Quadratbilder zu kreieren.
- Nach einer bestimmten Zeit stellen einige Schüler ihre Quadratbilder vor.
- **Das Arbeitsblatt wird ausgeteilt.**
- Die Schüler bearbeiten alle Aufgaben in **Partnerarbeit.**

Ergebnissicherung

- Die Schüler **lesen** die Lösungen des Arbeitsblattes vor und im Klassenverband wird geklärt, ob die Lösungen richtig sind und ob es evtl. mehrere Lösungen gibt.

Mögliche Anschlussaktivitäten

- Die Schüler **zeichnen** mindestens 18 Rechtecke und anschließend „Rechtecksbilder".

Name: Klasse: Datum:

Denkaufgaben

Löse diese Denkaufgaben so schnell wie möglich.

1. Kannst du aus einem Quadrat und 3 Strichen ein Rechteck zeichnen?
2. Wenn du aus dieser Zeichnung 4 „Streichhölzer“ verlegst, entstehen 2 gleich große Quadrate.

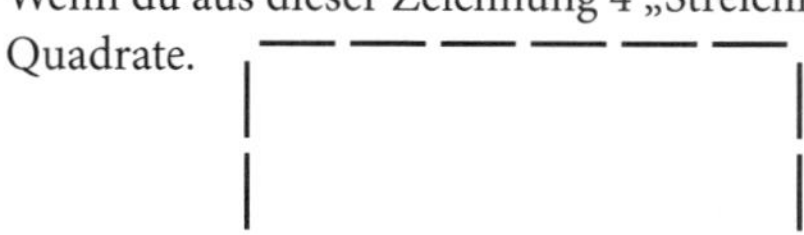

3. Was ist die Hälfte von 8? (Es gibt mehrere Lösungen.)
4. Dein Vater will eine quadratische Tischplatte fliesen. Er hat Fliesen gekauft, und zwar 24 weiße, 4 rote, 4 blaue und 4 gelbe Fliesen. Zu dir sagt er: Kannst du die bunten Fliesen so verteilen, dass in jeder Reihe nur 2 bunte Fliesen liegen – auch senkrecht und diagonal?

Tipp Zeichne ein Quadrat, das aus 36 kleinen Quadraten besteht. Zeichne 16 einzelne kleine Quadrate und male 4 rot, 4 blau und 4 gelb an und schneide sie aus. Dann kannst du sie verschieben und findest schnell die richtige Lösung.

5. Wie viele Dreiecke sind in diesem Quadrat zu sehen?

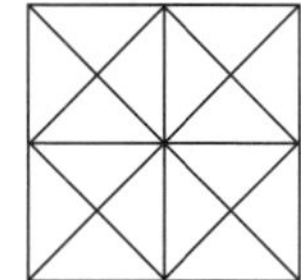

6. Wie kannst du mit 2 Quadraten 1 Stern erzeugen?

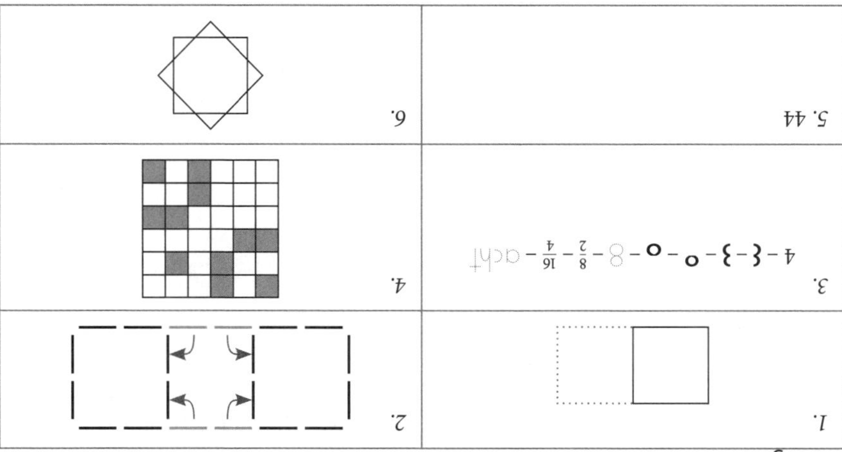

Lösungen

© 2020 Cornelsen Verlag GmbH, Berlin. Alle Rechte vorbehalten.
Die Vervielfältigung dieser Seite ist für den eigenen Unterrichtsgebrauch gestattet. Für inhaltliche Veränderungen durch Dritte übernimmt der Verlag keine Verantwortung.

Erstellt von: Ursula Oppolzer

Die Bremer Stadtmusikanten

Ziel / Leitidee	Die Schüler lesen einen Ausschnitt aus dem Märchen und ziehen Erkenntnisse aus der Geschichte. Sie lernen Redewendungen und Sprichwörter zu den Tieren kennen und sie mit den tatsächlichen Eigenschaften der Tiere zu vergleichen.
Klassenstufe	5 / 6 Bio / Deu
Vorbereitung / Material	1 Kopiervorlage in Klassenstärke / Tafel, Kreide bzw. Smartboard
Sozialform	Klassenverband / Gruppenarbeit
Kompetenzbereich	Konzentriertes Lesen, Schreiben, Steckbriefe erstellen, Erzählen

Hinführung

- Mündliches **Brainstorming** im Klassenverband zu den „Bremer Stadtmusikanten".

Hauptphase

- Die Schüler klären im Klassenverband, wo Bremen liegt und welcher Fluss durch Bremen fließt.
- Die Schüler nennen im Klassenverband Städte von A – Z.
- Die Lehrkraft liest den Beginn des Märchens vor:

> *„Es war einmal ein Mann, der hatte einen Esel, der schon lange Jahre die Säcke unverdrossen zur Mühle getragen hatte, dessen Kräfte aber nun zu Ende gingen, so dass er zur Arbeit untauglich ward. Da dachte der Herr daran, ihn aus dem Futter zu schaffen, aber der Esel merkte, dass kein guter Wind wehte, lief fort und machte sich auf den Weg nach Bremen."*
>
> *Die Bremer Stadtmusikanten: Ein Märchen der Brüder Grimm in der Fassung von 1857*

- Die Schüler erzählen im Klassenverband das Märchen zu ende.
- Die Schüler erarbeiten im Klassenverband, was das Märchen den Kindern sagen will.
- Das **Arbeitsblatt wird ausgeteilt.**
- Die Schüler bearbeiten alle Aufgaben in **Partnerarbeit**.

Ergebnissicherung

- Die Schüler lesen die Lösungen des Arbeitsblattes vor und korrigieren Fehler.
- Einige Schüler lesen ihre **„Steckbriefe"** vor.

Mögliche Anschlussaktivitäten

- Die Schüler schreiben die Anfänge einiger Märchen auf, in denen Tiere vorkommen, und lesen sie vor. Im Klassenverband werden die Märchen weitererzählt.

Name: Klasse: Datum:

Tiere gesucht

1. *Setze bei diesen Begriffen die richtigen Tiere ein (2 x Hund, 3 x Katze, 4 x Huhn bzw. Hahn und 5 x Esel).*

..............(e)kälte	Wasser..............
..............tisch	Draht..............
..............brust	Pack..............
..............(s)ohren	Zapf..............
..............sprung	..............(en)fuß
..............auge	.... Wetter
..............(en)kamm	..............(s)brücke

2. *Ordne diesen Erklärungen die richtigen tierischen Begriffe zu.*

a) die umgebogenen Ecken von Buchseiten: ....
b) hierauf saßen früher die Schüler mit sehr schlechten Noten: ....
c) falsches Gold: ....
d) Rückstrahler am Fahrrad: ....
e) ein kurzer Weg: ....

3. *Welche Tiere gehören in diese Redewendungen?*

.... im Korb mit den .... ins Bett gehen mit jemandem ein .... rupfen Wenn es dem .... zu wohl wird, geht er aufs Eis. jemandem eine .... bauen sich streiten wie .... und	Auch ein blindes .... findet mal ein Korn. bekannt sein wie ein bunter ...., die bellen, beißen nicht. Viele .... sind des Hasen Tod. Bei Nacht sind alle .... grau. die .... aus dem Sack lassen

4. *Schreibe kleine Steckbriefe zu den „Bremer Stadtmusikanten".*
5. *Welche Lieder kennst du, in denen Tiere vorkommen?*
6. *Welche Bücher hast du gelesen, in denen ein Tier eine wichtige Rolle spielt?*

Lösungen

Bremen ist eine Stadt in Norddeutschland und das kleinste Bundesland. Durch Bremen fließt die Weser.
***Tiere gesucht:** 1. Spalte: Hunde, Katzen, Hühner, Esel, Katzen, Katzen, Hahn / 2. Spalte: Hahn, Esel, Esel, Hahn, Hund, Esel – 2. a) Eselsohren b) Eselsbank c) Katzengold d) Katzenauge e) Katzensprung – 3. Hahn, Hühnern, Hühnchen, Esel, Eselsbrücke, Hund, Katze, Huhn, Hund, Hund, Hund, Katze, Katze*

© 2020 Cornelsen Verlag GmbH, Berlin. Alle Rechte vorbehalten.
Die Vervielfältigung dieser Seite ist für den eigenen Unterrichtsgebrauch gestattet. Für inhaltliche Veränderungen durch Dritte übernimmt der Verlag keine Verantwortung.

Erstellt von: Ursula Oppolzer

10 Waldmeister

Ziel / Leitidee	Die Schüler erhalten Informationen über den Wald, lernen, sich zu konzentrieren und verbessern ihre Rechtschreibkenntnisse.
Klassenstufe	5 / 6 Bio / Deu
Vorbereitung / Material	2 Kopiervorlagen in Klassenstärke / Tafel, Kreide
Sozialform	Klassenverband / Gruppenarbeit, Einzelarbeit
Kompetenzbereich	Brainstorming, Konzentriertes Lesen, Zusammenhänge erkennen, Informationen zuordnen, *Mindmaps* und Tabellen erstellen

Hinführung

- Mündliches **Brainstorming** im Klassenverband zum Thema „Wald".

Hauptphase

- Die Lehrkraft schreibt das Thema der Stunde ***Waldmeister*** an die Tafel.
  Die Lehrkraft fragt: *Wer kennt einen „Waldmeister"?*
  Im **Klassenverband** wird geklärt: *Waldmeister ist eine Pflanze, mit der man Waldmeister-Pudding, Waldmeister-Bowle usw. herstellen kann. In größerer Menge ist Waldmeister für den Menschen giftig.*
- Die Lehrkraft weist darauf hin, dass ein „Waldmeister" auch ein Tier sein kann und im Klassenverband wird diskutiert, welches Waldtier diesen Namen am meisten verdient.
- Die **Lehrkraft liest** die Inschrift eines niedersächsischen Forsthauses aus dem 17. Jahrhundert vor:

> *Ich bin der Wald*
> *Ich bin uralt*
> *Ich hege den Hirsch*
> *Ich hege das Reh*
> *Ich schütz euch vor Sturm*
> *Ich schütz euch vor Schnee*
> *Ich wehre dem Frost*
> *Ich wahre die Quelle*
> *Ich hüte die Scholle*
> *Bin immer zur Stelle*
> *Ich bau euch das Haus*
> *Ich heiz euch den Herd*
> *Drum ihr Menschen*
> *Haltet mich wert!*

- Im **Klassenverband** wird geklärt, was diese Zeilen bedeuten.
- **Das Arbeitsblatt wird ausgeteilt.**
- Die Schüler bearbeiten alle Aufgaben in **Einzelarbeit,** die **2. Aufgabe** als **Wettspiel.**

Ergebnissicherung

- Die Schüler **lesen** die Lösungen des Arbeitsblattes vor und korrigieren eventuell Fehler.

Mögliche Anschlussaktivitäten

- Die Schüler erstellen eine **Mindmap** zu den Texten über den Wald.

Aktivierungsübungen zu „Verstecke"

- Die Schüler suchen in einem Buchstabensalat möglichst schnell bestimmte Wörter, Begriffe, Vokabeln, …
- Die Schüler suchen in einer Reihe von Wörtern versteckte Wörter. Beispiel A**schaf**fenburg.
- Die Schüler suchen in einem Text so schnell wie möglich alle versteckten Wörter.
- Die Lehrkraft sagt Wörter und die Schüler stellen sich diese Wörter geschrieben vor, um herauszufinden, welches Wort darin versteckt ist.
- Die Lehrkraft nennt bestimmte Wörter. Die Schüler stellen sich hin und schreiben diese Wörter in die Luft, um herauszufinden, was darin versteckt ist.

Lösungen

Um wen geht es hier? 1. Baum, 2. Eicheln, 3. Rehbock, 4. Fuchs, 5. Birke, 6. Ahorn, 7. Nadelbäume oder Koniferen, 8. Bucheckern, 9. Feldhase, 10. Schmetterling, 11. Ameise, 12. Hirschkäfer, 13. Insekt, 14. Specht, 15. Kuckuck, 16. Frischlinge

Waldversteck: Wildschwein – Keiler – Bache – Frischling – Reh – Bock – Ricke – Kitz – Eichhörnchen – Eichkater – Eichkatze – Eichkätzchen – Hirsch –Hirsch – Kuh – Kalb

Waldmeisterpudding: Wal, Meise, Alster, Trug, Eis, Dung, Ding, Stern, Westen, Waden, Alm, Mist, Eiter, alt, der, den, dir, List, Amt, mit, wir, ist, Pin, wer, sing, …

Waldwörter: Waldluft, Waldbrand, Waldfarn, Waldspaziergang, Waldvogel, Waldtiere, Waldpflanzen, Waldweg, Waldohreule, Waldlichtung, Waldlauf, Waldlehrpfad, Waldmeister, Waldschatten, Urwald, Regenwald, Bergwald, …

Waldarten: Laubwald, Buchenwald, Eichenwald, Birkenwald, Nadelwald, Fichtenwald, Kiefernwald, …

Rückwärts: Reh, Hirsch, Eule, Ameise, Iltis, Kleiber, Maus, Waldmeister, Blaubeere, Pilz, Farn, Tanne, Wiesel, Moos, Haselnuss, Dachs, Fuchs, Kiefer

Name: Klasse: Datum:

Um wen geht es hier?

1. Finde möglichst schnell heraus, um wen es hier geht, und schreibe die Namen in die entsprechenden Kästchen.

Tipp Die Namen sind im unteren „Walddickicht" versteckt, allerdings durcheinander.

Beschreibung	Name
1. Ich bin so alt, wie die Anzahl meiner Ringe.	
2. Meine Früchte sind Leckerbissen für die Eichhörnchen.	
3. Ich habe immer „Bock", denn ich bin ein …	
4. Meine Wohnung nennt man Bau und ich gelte als sehr schlau.	
5. Meine Rinde ist schwarz-weiß und meinen Blütenstand nennt man Kätzchen.	
6. Mein Holz ist so wertvoll, dass daraus auch Geigen und Cellos hergestellt werden.	
7. Meine Samenbehälter heißen Zapfen und meine Blätter sind Nadeln.	
8. In meinen Früchten steckt eine „ecke".	
9. Ich habe große Löffel und im Frühjahr boxe ich mich mit anderen.	
10. Ich kann mich in eine Puppe verwandeln.	
11. Wenn ich ein Männchen bin, sterbe ich nach dem Hochzeitsflug.	
12. Ich bin ein Insekt und habe als Männchen Mundwerkzeuge in Form von großen Zangen, die an ein Waldtier mit Geweih erinnern.	
13. Mich nennt man Gottesanbeterin. Weißt du, was für ein Tier ich bin?	
14. Ich ernähre mich von Insekten, die in Bäumen leben und du kannst mich hören, wie ich mit meinem Schnabel auf die Rinde klopfe.	
15. Wenn ich ein Weibchen bin, lege ich meine Eier in ein fremdes Vogelnest und kümmere mich nicht mehr um meine Kinder.	
16. Ich lebe im Wald und wenn ich weiblich bin, heiße ich Bache und nenne meine Kinder …	

Walddickicht

WaldSpeWaldchtWaldWaldKuckWalduckWaldWaldBaumWaldWaldEichWald elnWaldRehWaldbockWaldWaldWaldBirkeWaldAhornWaldNadelWaldbäume WaldKoniferenWaldFrischWaldlingeWaldWaldWaldFeldWaldhaseWald SchmetterWaldWaldlingWaldAmeWaldiseWaldWaldHirschWaldWaldkäferWald InWaldWaldsektBuchWaldFuchsWaldeckern

© 2020 Cornelsen Verlag GmbH, Berlin. Alle Rechte vorbehalten.
Die Vervielfältigung dieser Seite ist für den eigenen Unterrichtsgebrauch gestattet. Für inhaltliche Veränderungen durch Dritte übernimmt der Verlag keine Verantwortung.

Erstellt von: Ursula Oppolzer

Name: Klasse: Datum:

WALDMEISTERPUDDING

1. Welche Wörter kannst du aus den Buchstaben des Wortes WALDMEISTERPUDDING bilden, ohne die Buchstaben zu vertauschen. Beispiele: Wal, Stern, Alm, …

Waldwörter

2. Welche Wörter beginnen oder enden mit Wald. Erstelle eine Tabelle.

Waldversteck

3. Wie heißen Vater, Mutter, Kind bei Waldtieren? Suche möglichst schnell die versteckten Tiernamen und trage sie in eine Tabelle ein.

lilkoliztrehwildschweinasdfghjkliuztrewkeilerkjhgfdtzuiobacheljhgfdswert zuiofrischlinglkjhgfdkalbprehashirschtzubockyxcvbnkjhgfdsasdfkalbjiuz trerickeasdfghiuztrewkitzekjhgfkuhdsaswertzuieichhörnchenertzuiopeich katerüpoiuztresdfghjeichkatzeasdfghjeichkätzchenwhirschzu

Tiername	Vatertier	Muttertier	Jungtier

Zuordnung

4. Verbinde die Begriffe mit den richtigen Tieren. Achte auf die Schriftarten!

Lunte – Spiegel – Blume – Lecker – Lauscher – Löffel – Wedel – Pürzel – Lichter – Reh – Fuchs – Dachs – Hase

Rückwärts

5. Schreibe möglichst schnell die Tiere und Pflanzen, die hier rückwärts geschrieben sind, in eine Tabelle.

HER – HCSRIH – ELUE – ESIEMA – SITLI – REBIELK – SUAM – RETSIEMDLAW – EREEBUALB – ZLIP – NRAF – ENNAT – LESEIW – SOOM – SSUNLESAH – SHCAD – SHCUF – REFEIK

Tiere	Pflanzen

Waldgeschichte

6. Lies diese Waldgeschichte und trage die fehlenden Buchstaben ein.

…ie…äume…auschten in…er…unkelheit,…ie…ulen…chnarrten…nd er …ekam…ngst.…a…rblickte er in…er…erne…in…icht,…as…wischen…en …äumen…linkte.…ort…ohnen…estimmt…eute,…achte er,…nd…ing…uf …as…icht zu. Er…lopfte an…ie…ür…es…auses…nd…ine…timme…ief: „…erein!“…

© 2020 Cornelsen Verlag GmbH, Berlin. Alle Rechte vorbehalten.
Die Vervielfältigung dieser Seite ist für den eigenen Unterrichtsgebrauch gestattet. Für inhaltliche Veränderungen durch Dritte übernimmt der Verlag keine Verantwortung.

Erstellt von: Ursula Oppolzer

11 Urlaub am Meer

Ziel / Leitidee	Die Schüler erweitern ihr Wissen über Meer und Strand und verbessern ihre Rechtschreibkenntnisse.
Klassenstufe	5 / 6 Ek / Deu / Bio
Vorbereitung / Material	2 Kopiervorlagen in Klassenstärke / Tafel, Kreide bzw. Smartboard
Sozialform	Klassenverband / Einzelarbeitarbeit
Kompetenzbereich	Konzentriertes Lesen, Zusammenhänge erkennen, Geschichten schreiben, Fragen stellen, Wörter zusammensetzen, Tabellen erstellen, Bilder malen

Hinführung

- Mündliches **Brainstorming** im Klassenverband zum Thema „Urlaub am Meer".

Hauptphase

- Die Lehrkraft schreibt das Thema der Stunde *Strand – Meer* an die Tafel.
- **Das 1. Arbeitsblatt wird ausgeteilt.**
- Die Schüler bearbeiten alle Aufgaben in **Einzelarbeit.**
- Das **2. Arbeitsblatt** wird ausgeteilt.
- Die Schüler bearbeiten die Aufgaben in **Einzelarbeit,** die 4. Aufgabe als Wettspiel.

Ergebnissicherung

- Die Schüler **lesen** die Lösungen des Arbeitsblattes vor und korrigieren Fehler.
- Einige Schüler **lesen** ihre „Seepferdchen-Geschichten" vor.

Mögliche Anschlussaktivitäten

- Im **Klassenverband** werden die See- und Meerbegriffe geklärt.
- Die Schüler erstellen **Kärtchen für ein späteres Quiz.** Auf die Vorderseite schreiben sie den See- oder Meerbegriff und auf die Rückseite eine Erklärung.

Lösung

Anfang gut, alles gut: 1. Quallen, 2. Seehunde, 3. Strandhafer, 4. Seeigel, 5. Seesterne, 6. Poseidon, 7. Neptun, 8. Gezeiten, 9. Wattwürmer, 10. Albatrosse, 11. Möwen, 12. Scholle, 13. Samtgras, 14. Fender, 15. Heck, 16. Takelage, 17. Steuerbord, 18. Backbord, 19. Kutter, 20. Föhr

Name: Klasse: Datum:

Anfang gut, alles gut

1. Welche Begriffe gehören an den Anfang dieser Sätze?

Tipp Alle fehlenden Wörter sind in der Wörterschlange aneinandergereiht, allerdings nicht in der richtigen Reihenfolge.

1. Q.............. können auf deiner Haut brennen, wenn sie dich beim Schwimmen berühren.
2. S.............. werden Hunde genannt, haben aber keine Beine und sind keine Hunde.
3. St.............. ist eine Pflanze, die in den Dünen wächst und sie befestigt. Sie hat Wurzeln, die einen Wasserspeicher tief unter dem Sand bilden.
4. S.............. haben ein inneres Kalkskelett und viele Stacheln.
5. S.............. erinnern an Weihnachten. Wenn ihnen ein Arm abgerissen wird, wächst in der Regel ein neuer nach.
6. P.............. heißt der griechische Meeresgott.
7. N.............. heißt der römische Meeresgott.
8. G.............. ist der Name für Ebbe und Flut.
9. W.............. graben Tunnel durch Sand und Schlick, schlucken Sand, filtern ihn und spucken die Reste wieder aus.
10. A.............. haben die größte Flügelspannweite zwischen 3 und 3,50 m.
11. M.............. fressen Fische, Vogeleier, Insekten und auch gern alles, was beim Essen und Naschen der Menschen herunterfällt oder liegenbleibt.
12. Sch.............. heißt der Fisch, der einen Namen hat, den der Bauer und der Fischer kennen und der ein Plattfisch ist.
13. Sa.............. heißt die Pflanze, die auch Hasenschwanzgras genannt wird und im Namen die Bezeichnung für einen weichen Stoff trägt.
14. F.............. heißen die luftgefüllten Gummibälle oder Gummigurken, die das Schiff beim Anlegen schützen.
15. H.............. nennt man den hinteren Teil des Schiffes.
16. T.............. ist die Bezeichnung für die Masten und das Tauwerk eines Segelschiffes.
17. St.............. nennt man die rechte Seite eines Schiffes.
18. B.............. siehst du, wenn du nachts das rote Licht eines Schiffes siehst.
19. K.............. heißen die kleinen Schiffe, mit denen die Fischer hinausfahren, um Krabben und Fische zu fangen.
20. F.............. ist die größte der Nordfriesischen Inseln.

POSEIDONASDFGGEZEITENASDFGHSEEIGELERTZUISCHOLLEÜ
POIUWATTWÜRMERALBATROSSEASDFGHSEESTERNEMÖWENÄÖLK
JHGFBALTRUMÜPOIUZHECKPOIUZTRTAKELAGEBACKBORD
STEUERBORDASDFGHKUTTERÖLKJHGFOEHRÖLKJHGFSTRAND
HAFERFENDERSEEHUNDENEPTUNQUALLENSAMTGRASASDF

© 2020 Cornelsen Verlag GmbH, Berlin. Alle Rechte vorbehalten.
Die Vervielfältigung dieser Seite ist für den eigenen Unterrichtsgebrauch gestattet. Für inhaltliche Veränderungen durch Dritte übernimmt der Verlag keine Verantwortung.

Erstellt von: Ursula Oppolzer

Name: Klasse: Datum:

Die beiden Seepferdchen

1. Lies diesen Text und unterstreiche alle Pflanzen grün und die Tiere pink.
2. Wie könnte die Geschichte weitergehen. Denke dir einen Schluss aus und schreibe ihn auf.

Golden strahlt die Sonne. Das Meer ist blank wie Seide und auf den schläfrigen Wellen schaukelt leise der Wind. Das Wasser ist so durchsichtig wie Glas und bunte Fische spielen in der klaren Flut. Die Seelilie unterhält sich mit dem Seeigel und die Muschel mit dem Seestern. Nur das Seepferdchen lehnt an einem Korallenbäumchen und langweilt sich. „Was mach ich so allein?", denkt es und schaut sich um. „Ach, wäre ich nur nicht so allein!" Da sieht es ein anderes Seepferdchen, das hüpft hin und her und langweilt sich auch. „Was machst du so allein? Komm, wir spielen zusammen", sagt das erste Seepferdchen. „Was schenkst du mir, wenn ich mit dir spiele?", fragt das zweite Seepferdchen. Das erste Seepferdchen findet die Frage blöd, aber …

Seepferdchen – Informationen

3. Lies diese Sätze und verwandle sie in Fragen.

a) Seepferdchen gehören zur Familie der Seenadeln und sind Fische.
b) Bei den Seepferdchen tragen die Männchen den Nachwuchs aus.
c) Die Weibchen der Seepferdchen legen ihre Eier in die Bauchtasche der Männchen.
d) Die Balz der Seepferdchen findet im Seegras statt.

Meer und See

4. Unterstreiche in diesem Buchstabensalat möglichst schnell die 30 Wörter, vor die man Meer(Meeres) oder See setzen kann.

asdfghdeichertzuiopfahrtdfghjklstrandcvbnnotasdfginselnasdfghjklöfischpoiuz
trepferdchenasdfghjklöfrachtäölkjhgfdsaleuchtturmqwertzuiopüasdfghjklö
wasseryxcvbnmasdfghjklötzuiluftasdfghjiuztrerdcergbntzujmbodenertzuifghjk
sackdfghjksalzyxcvbnmkhgfdsaertzuiopkarteüpoiuzäölkjhgforscherqwertzas
dfgyxcvbbriseertzusdfghjkläölkjhgfasdfgcvbnmmnbvcxpiuztrsandüpoiuztre
liederasdsdfghjküowindasdfghjkwertzuiiuztrengewertzuiopasdfghjkasdfghjkl
sternewertzuiohundaasdfghjklölkjzhbujnikmtfedxzungeasdfghjkertzuiopert
zuipoiuztrteufelasdfertpoiulkjhgfigelbvcxsdfghjpoiuwerqasdfghadlersfghj
klackpoiuztreasdfgertzuiopüpoiuztrewasdfghjklsdfghjkschlachtwert
zuioppiuztwegasdfghjkrtzuioräuberkcvbiuztrsdfghjlkjhgfdsdfghjfderttt

Lösungen

Die beiden Seepferdchen: *4. Meerdeich – Seefahrt – Meeresstrand – Seenot – Meeresinseln – Seefisch – Seepferdchen – Seefracht – Meeresleuchtturm – Meerwasser – Seeluft – Meeresboden – Seesack – Meersalz – Seekarte – Meeresforscher – Meeresbrise – Seesand – Meereslieder – Seewind – Meerenge – Seesterne – Seehund – Seezunge – Seeteufel – Seeigel – Seeadler – Seeschlacht – Seeweg – Seeräuber*

© 2020 Cornelsen Verlag GmbH, Berlin. Alle Rechte vorbehalten.
Die Vervielfältigung dieser Seite ist für den eigenen Unterrichtsgebrauch gestattet. Für inhaltliche Veränderungen durch Dritte übernimmt der Verlag keine Verantwortung.

Erstellt von: Ursula Oppolzer

Witziges Wissen

12

Ziel / Leitidee	Die Schüler erweitern ihr Wissen auf spielerische Weise mithilfe von Witzen.
Klassenstufe	5 / 6 Bio / Deu / EK
Vorbereitung / Material	1 Kopiervorlage in Klassenstärke / Tafel, Kreide bzw. Smartboard
Sozialform	Klassenverband / Gruppenarbeit
Kompetenzbereich	Konzentriertes Lesen, Zusammenhänge erkennen, Fragen beantworten

Hinführung

- Unterrichtsgespräch zu den **Fragen:**

  - *Welche Witze fallen euch spontan ein?*
  - *Welche Witze über Tiere kennt ihr?*

Hauptphase

- Die Lehrkraft stellt ein paar **Scherzfragen:**

  a) *Papa, schlafen Fische auch? – Natürlich, wozu gibt es denn sonst ein Flussbett?"*
  Frage: Schlafen Fische wirklich?

  b) *„Jetzt weiß ich endlich, wie wir Strom sparen können!" – „Wie denn?" – „Ich benutze nur noch eine Steckdose!"*
  Frage: Wie kannst du denn Strom sparen?

  c) *„Eine halbe Glatze hat hundert Haare. Wie viele Haare hat eine ganze? (keine)*
  Frage: Wie viele Haare hast du auf deinem Kopf?

  d) *„Wie schreibt man Wasser mit 3 Buchstaben?" (Eis)*
  Frage: Woraus besteht Wasser? (Wasserstoff und Sauerstoff) Kennst du die Formel? (H2O) Warum schwimmt Eis im Wasser? (Es ist leichter, da sich Wasser beim Gefrieren ausdehnt und Luft einschließt.)

- Es werden **Gruppen** gebildet.
- **Das Arbeitsblatt wird ausgeteilt.**
- Die Schüler lesen die Witze und klären die Fragen des Arbeitsblattes in **Gruppenarbeit.**

Ergebnissicherung

- Im **Klassenverband** werden die Fragen des Arbeitsblattes geklärt und notiert.
- Die Schüler **lesen** die Fragen und Lösungen nacheinander noch einmal vor.

Name: Klasse: Datum:

Witziges Wissen

Lies diese Witze und beantworte die jeweiligen Fragen.

Versteigerung auf dem Fischmarkt. „Und jetzt kommen 15 Kisten *Schollen* unter den Hammer!“, ruft der Auktionator. Felix ist überrascht. „Und ich dachte, die wären von Natur aus so platt!“

Fragen

1. *Was weißt du über Schollen?*
2. *Wenn eine Kiste mit 20 Schollen 15,5 kg wiegt und die leere Kiste 1,5 kg, wie viel Pfund (Gramm) wiegt dann eine Scholle?*
3. *Das Wort „Scholle“ ist ein Teekesselchen. Kannst du das erklären?*

Tim besucht seinen Onkel Fritz, der auf einem Bauernhof lebt. Tim geht in den Kuhstall und betrachtet die 18 *Kühe*, die ruhig und wiederkäuend auf dem *Stroh* liegen. „Nun, ist das nicht ein prächtiger Anblick?“, fragt ihn sein Onkel. „Ja, schon“, erwidert Tim, „aber ist das nicht ziemlich teuer, alle Kühe ständig mit Kaugummi zu versorgen?“

Fragen

1. *Was weißt du über Kühe?*
2. *Was bedeutet „wiederkäuen“?*
3. *Was ist Stroh?*
4. *Wenn eine Kuh 5 l Milch am Tag gibt, wie viel Liter Milch kann Tims Onkel in einem Jahr an die Molkerei liefern. Seine Familie braucht 3 l pro Woche.*

„Junge, Junge, du hast ja ganz schön *Übergewicht!*“ – „Ja, das stimmt!“ sagt Oliver. „Bei meinem Gewicht müsste ich schon 3,5 m groß sein. Aber ich esse und esse und wachse einfach nicht.“

Fragen

1. *Wann hat ein Kind Übergewicht?*
2. *Welches Idealgewicht hätte Oliver bei einer Größe von 3,5 m, wenn die Formel zur Errechnung wie folgt lautet: Größe^2 x 20?*
3. *Was könnte Oliver essen, damit er einige Pfund abnimmt?*

Tipp Denke laut, wenn du ein Problem lösen willst, und stell dir die Situation genau vor. So programmierst du deinen Gripscomputer und er arbeitet erfolgreich für dich.

Lösungen

Witziges Wissen:

0,7 kg = 1,4 Pfd. = 1 Pfd. plus 200 g = 700 g

365 x 5 l x 18 = 32.850 l / 52 x 3 l = 156 l / 32.850 l − 156 l = 32.694 l

3,5 x 3,5 x 20 = 245 kg

Erstellt von: Ursula Oppolzer

© 2020 Cornelsen Verlag GmbH, Berlin. Alle Rechte vorbehalten.
Die Vervielfältigung dieser Seite ist für den eigenen Unterrichtsgebrauch gestattet. Für inhaltliche Veränderungen durch Dritte übernimmt der Verlag keine Verantwortung.

Schmuggler

13

Ziel / Leitidee	Die Schüler rufen vorhandenes Wissen ab, erweitern Wortschatz und Allgemeinwissen und trainieren die Konzentration.
Klassenstufe	5 / 6 Ge / Pol / Deu / Bio / Ku / Mu
Vorbereitung / Material	1 Kopiervorlage in Klassenstärke
Sozialform	Klassenverband / Einzelarbeit / Partnerarbeit
Kompetenzbereich	Informationen zuordnen, logische Zusammenhänge herstellen

Hinführung

- Unterrichtsgespräch mit den **Fragen:**

- *Was ist ein Schmuggler?*
- *Was wird z. B. geschmuggelt?*

Hauptphase

- Das **Arbeitsblatt wird ausgeteilt.**
- Die Schüler bearbeiten die Aufgaben in **Einzelarbeit** und im Wettbewerb.
- Die Schüler klären im **Klassenverband** die Bedeutung der Begriffe.

Ergebnissicherung

- Die Schüler **lesen** die Lösungen des Arbeitsblattes vor und korrigieren Fehler.
- Im **Klassenverband** werden die Begriffe geklärt.

Mögliche Anschlussaktivitäten

- Die Schüler entwickeln **„Dreierbanden“** mit „Schmugglern“ in **Partnerarbeit**.
- Die Schüler **lesen** ihre „Dreierbanden“ vor und die übrigen Schüler nennen möglichst schnell die Schmuggler.

Lösungen

Was ist hier hineingeschmuggelt worden?

1. a) Buche b) Wal, c) Fuchs d) Klavier e) Harfe f) Mango g) Föhr h) Lima i) Golden Gate Bridge
2. a) Apfel – Erdbeermund b) Blatt – Stammbaum c) Fluss – Wildwasser d) kalt – heißer Draht e) Berg – Engelsburg f) Hut – Zipfelmütze g) Mann – Frau h) See – Meerwasser i) Haus – Leuchtturm j) Jahr – Vollmond k) Hahn – Suppenhuhn l) Fuß –Handspiel m) Katzen – Hundekuchen
3. 1. Spalte: Kopf, Hand, Faust, Gänse, Nasen, Fuß, Daumen, Nagel, Fersen, Pferde
   2. Spalte: Bart, Bein, Auge, Haut, Füße, Kopf, Hals, Finger, Note, Bein

Name: Klasse: Datum:

Was ist hier hineingeschmuggelt worden?

1. *Finde möglichst schnell die „Schmuggler", die sich hier eingeschlichen haben und begründe deine Wahl schriftlich. Recherchiere!*
Beispiel: Kümmel – Pfeffer – Curry *– Muskat (Curry ist eine Gewürzmischung)*

a) Buche – Lärche – Fichte – Tanne
b) Hering – Rotbarsch – Wal – Stör
c) Hamster – Maus – Biber – Fuchs
d) Geige – Klavier – Cello – Gitarre
e) Trompete – Posaune – Harfe – Querflöte
f) Pflaume – Erdbeere – Apfel – Mango
g) Baltrum – Föhr – Juist – Borkum
h) Rom – Oslo – London – Lima
i) Brandenburger Tor – Eiffelturm – Tower – Golden Gate Bridge

2. *Fülle schnell die Lücken aus und finde möglichst schnell die „Schmuggler", die sich hier eingeschlichen haben. Begründe deine Wahl schriftlich.*
Beispiel: Orangenhaut – Orangenschale – Orangensaft – Apfelmus

a) ....schimmel ....mund Adams.............. Reichs..............
b) Stamm.............. Feigen.............. ....laus ....schuss
c) Rede.............. Geld.............. Wild.............. Wasser..............
d) ....Kaffee ....Herz ....Schulter ....Draht
e) Butter.............. Zauber.............. Kreuz.............. Engels..............
f) Zucker.............. Zipfel.............. Zylinder.............. Finger..............
g) Schnee.............. Ehe.............. Feuerwehr.............. Power..............
h) Titicaca.............. Boden.............. Ost.............. ....salz
i) Leucht.............. Hoch.............. Schnecken.............. Karten..............
j) Licht.............. Schalt.............. Geburts.............. Voll..............
k) Suppen.............. Knurr.............. Wasser.............. Bier..............
l) ....spiel ....pilz ....ball ....note
m) ....auge ....sprung ....kuchen ....tisch

3. *Wie schnell kannst du hier die richtigen Körperteile einsetzen? Achte auf Schmuggler!*

..............nuss
..............schellen
..............recht
.... füßchen
..............flügel
..............note
..............schrauben
..............probe
..............geld
..............fuß

Schlüssel..............
Eis..............
Katzen..............
Orangen..............
Krähen..............
Gänse..............
Noten ....
Lang..............
Fuß..............
Nasen..............

© 2020 Cornelsen Verlag GmbH, Berlin. Alle Rechte vorbehalten.
Die Vervielfältigung dieser Seite ist für den eigenen Unterrichtsgebrauch gestattet. Für inhaltliche Veränderungen durch Dritte übernimmt der Verlag keine Verantwortung.

Erstellt von: Ursula Oppolzer

Vom Löffel zur Gabel

14

Ziel / Leitidee	Die Schüler erhalten Informationen über das unterschiedliche Essverhalten früher und heute bzw. weltweit. Es werden Wortschatz und Konzentration trainiert und die Rechtschreibung wird verbessert.
Klassenstufe	5 / 6 Deu / Ge / Ek
Vorbereitung / Material	1 Kopiervorlage in Klassenstärke
Sozialform	Klassenverband / Partnerarbeit
Kompetenzbereich	Konzentriertes Lesen, Informationen zuordnen, Wörter heraussuchen, Fragen beantworten, Geschichten schreiben

Hinführung

- Unterrichtsgespräch mit den **Fragen:**

  - *Wie viele Menschen leben zur Zeit auf der Erde? (mehr als 7,2 Mrd.)*
  - *Wie viele Menschen auf der Erde essen mit Messer und Gabel? (etwa 1 Mrd.)*

Hauptphase

- Die Lehrkraft schreibt *Vom Löffel zur Gabel* an die Tafel.
- Das **Arbeitsblatt wird ausgeteilt.**
- Die Schüler erarbeiten in **Partnerarbeit** die Aufgaben des Arbeitsblattes.

Ergebnissicherung

- Die Schüler **lesen** die Ergebnisse der Aufgaben vor.

Mögliche Anschlussaktivitäten

- Die Schüler **schreiben** eine kleine Geschichte, die in China spielt und in der es um Essstäbchen geht.

Alternative

- Die Schüler **schreiben** in einer vorgegebenen Zeit (z. B. 5 Minuten) möglichst viele Wörter auf, in denen 3 Konsonanten hintereinanderstehen wie in dem Wort Essstäbchen.

Lösungen

Essgewohnheiten: *1.* Messer – Essstäbchen – Hand – Gabel – Ritter – Fleisch – Fingern – katholischen – Dreizack – Reichtum – Silber – Luxus – Brot – Stahl – Knigge – Fastfood – Pizza – Gabelbenutzer

Name: Klasse: Datum:

Essgewohnheiten

1. Lies den Text und fülle die Lücken.

Auf der Erde leben mehr als 7,2 Mrd. Menschen. Etwa 1.000 Mio. Menschen auf der Erde essen heute mit .... und Gabel, über 2.000 Mio. Menschen mit .... und mehr als 4 Mrd. Menschen essen mit den Fingern, sozusagen von der .... in den Mund. Die ersten Menschen, die wahrscheinlich eine .... beim Essen verwendeten, waren die Ägypter vor mehr als 3.200 Jahren. Bei den alten Griechen und Römern wurde nur ab und zu einmal etwas aufgegabelt. Die .... im Mittelalter löffelten ihre Suppen, zerschnitten das .... mit einem Messer und aßen mit den Fingern. Noch am Hofe von Ludwig XIV. im 17. Jahrhundert wurde mit den .... gegessen. In Italien wurde im 17. Jahrhundert schriftlich festgehalten, dass es ein Zeichen guter Erziehung ist, mit den Fingern zu essen und dass man Gabeln z. B. benutzen sollte, um Heu aufzuladen. In der .... Kirche wurden Gabeln beim Essen früher oft als Gotteslästerung betrachtet, da die Zinken an den .... des Teufels erinnerten. Dann hieß es mit einem Mal, die Gabel sei von nun an ein Zeichen von .... und Vornehmheit und wer etwas auf sich hielt und es sich leisten konnte, benutzte eine wertvolle Gabel aus ...., Gold, Elfenbein und mit Edelsteinen besetzt. Für das Volk war eine Gabel noch lange Zeit.............. . Allerdings gab es bei armen Leuten auch wenig oder gar kein Fleisch, sondern nur ...., Brei und später Kartoffeln. Es dauerte bis zum Ende des 19. Jahrhunderts, bis Gabeln für jedermann aus .... und in großer Anzahl hergestellt wurden. In den kommenden 150 Jahren war es dann bei uns ein Zeichen guter Erziehung, mit Messer und Gabel zu essen und eben nicht die Finger zu benutzen. So kann man es im „..............", dem Benimmbuch deutscher Sprache, nachlesen. Seit es jedoch immer mehr ...., Pommes, Hamburger und es noch viel mehr .... gibt, nimmt die Zahl der regelmäßigen .... stetig ab.

Ritter – Essstäbchen – Fastfood – Gabel – Fingern – katholischen – Dreizack – Silber – Stahl – Reichtum – Luxus – Brot– Knigge –Pizza – Gabelbenutzer – Messer – Fleisch – Hand

2. Beantworte die Fragen.

a) Wie viele Millionen Menschen leben 2015 auf der Erde?
b) Wie viele Milliarden Menschen essen mit Essstäbchen?
c) Wo auf der Erde essen die Menschen mit Essstäbchen und was essen sie damit?
d) Was benutzten die Ritter beim Essen? Wann lebten die Ritter?
e) Seit wann wird die Gabel als Besteck benutzt?

Scherzfragen

Warum gelten Hasen als gefräßige Tiere?(weil Hasen zwei Löffel besitzen)
Wie nennt man einen Angsthasen noch? (Hasenfuß)
Welcher Kopf ist leer am meisten wert? (Notenkopf)

© 2020 Cornelsen Verlag GmbH, Berlin. Alle Rechte vorbehalten.
Die Vervielfältigung dieser Seite ist für den eigenen Unterrichtsgebrauch gestattet. Für inhaltliche Veränderungen durch Dritte übernimmt der Verlag keine Verantwortung.

Erstellt von: Ursula Oppolzer

Weihnachtsmarkt

15

Ziel / Leitidee	Die Schüler sammeln Informationen über das Weihnachtsfest und wie Weihnachten in anderen Ländern gefeiert wird.
Klassenstufe	5 / 6 Rel / Deu / Ek / Bio / Ma
Vorbereitung / Material	2 Kopiervorlagen in Klassenstärke / Tafel, Kreide
Sozialform	Klassenverband / Einzelarbeit
Kompetenzbereich	Konzentriertes Lesen, Zusammenhänge erkennen, Informationen zuordnen, Tabellen erstellen, Geschichten schreiben

Hinführung

- Mündliches **Brainstorming** zu „Weihnachten"

Hauptphase

- Die Lehrkraft schreibt das Thema der Stunde *Weihnachten* an die Tafel.
- Die **Lehrkraft liest** den Anfang einer Weihnachtsgeschichte vor.

> *„Es war Heiligabend, ungefähr um sechs Uhr. Der Wind wehte heftig und wirbelte hier und da durchsichtige Schneewölkchen auf. Diese kalten Wölkchen von nicht greifbarer Gestalt, schön und leicht wie zusammengeknüllter Mull, flogen überall umher, gerieten Fußgängern ins Gesicht und stachen ihnen mit Eisnadeln in die Wangen, bestäubten den Pferden die Köpfe, die sie – warme Dampfwolken ausstoßend laut wiehernd – schüttelten. Auf der Straße ging es laut und lebhaft zu. Traber sausten dahin, Fußgänger kamen, von denen einige eilten, andere ruhig dahinschritten."*
>
> *Maxim Gorki: „Von einem Knaben und einem Mädchen, die nicht erfroren sind".*
> *Aus: Erzählung in sechs Bänden, Band 1 (aus dem Russischen von Amalie Schwarz)*
> *© Aufbau Verlag GmbH & Co. KG, Berlin 1953*

- Das **Arbeitsblatt** wird ausgeteilt.
- Die Schüler bearbeiten alle Aufgaben in **Einzelarbeit.**

Ergebnissicherung

- Die Schüler **lesen** die Lösungen des Arbeitsblattes vor und korrigieren Fehler.
- Im **Klassenverband** werden Begriffe und Namen geklärt.

Mögliche Anschlussaktivitäten

- Die Schüler **schreiben** die vorgelesene Weihnachtsgeschichte zu Ende.

Name: Klasse: Datum:

Weihnachtsmarkt

1. Beschrifte die „Weihnachtsmarktstände“ mit den richtigen Begriffen.
2. Unterstreiche alle Substantive blau und alle Namen gelb. Zähle sie und schreibe sie in eine Tabelle.

a) ....: Es gab uns schon im 14. Jahrhundert. Spielzeugmacher, Krippenschnitzer, Korbflechter, Bäcker und Wachszieher boten hier ihre Waren an.
b)......................................: Es gibt mich schon sehr, sehr lange, aber mein Aussehen, so wie du es kennst, verdanke ich ein wenig dem Maler Moritz von Schwind, der 1847 für eine Zeitung einen „Herrn Winter“ zeichnete, ein Mann mit einem wallenden weißen Bart, der aus dem Wald gestapft kam. 1931 zeichnete der Illustrator der Firma Coca-Cola, Haddon Sunblom, für eine Werbekampagne einen Santa Claus in rotweißer Kleidung.
c) ....: Ich heiße Schlumbergera und bin aus Brasilien nach Europa gekommen. Es gibt mich in drei Arten. Ich blühe von Dezember bis Februar, wenn man mich richtig behandelt und es mir nicht zu heiß wird.
d) ....: Zum ersten Mal geschmückt und aufgestellt wurde ich 1597 im Elsass. Zuerst zierte ich nur adlige und dann reiche Familienhäuser. Im deutsch-französischen Krieg 1870/71 ließen mich viele Heerführer in den Lazaretten und Quartieren aufrichten und danach hielt ich Einzug in alle deutschen Wohnzimmer.
e) ....: Mich hängt man an den Weihnachtsbaum. Mein Name kommt aus dem Italienischen und bedeutet „kleines Metallblatt“.
f) ....: Erst seit 1700 schmückt man mit mir (aus Wachs) den Weihnachtsbaum. Um 1830 wurde ich auch aus Stearin und Paraffin hergestellt und war preiswerter. Ärmere Menschen verwendeten auch Talglichter und Öllämpchen. Es ist ein alter Brauch, einen immergrünen Baum zur Wintersonnenwende mit Lichtern zu schmücken. Zur Zeit Luthers wurden in der Schlosskirche zu Wittenberg im Jahr 18 Tonnen von mir aus Wachs abgebrannt. Heute bin ich auf den meisten Weihnachtsbäumen elektrisch.
g) ....: In vielen Familien werde ich an Heiligabend gegessen, da die Winterfastenzeit erst am 25. Dezember endet. Ich durfte gegessen werden, aber nur, wenn ich nicht über den Tellerrand hinausragte; deshalb züchtete man mich hoch und kurz. Ich bin das Symbol für Leben, Erneuerung und Fruchtbarkeit. Als Weibchen verfüge ich über Millionen von Eiern und werde Rogner genannt.
h) ....: Ich komme in vielen Familien am 25. Dezember auf den Tisch, und zwar mit Kohl, Apfelmus, Kartoffeln oder Klößen.

Lösungen

***Weihnachtsmarkt:** a) Weihnachtsmarkt b) Weihnachtsmann c) Weihnachtsstern d) Weihnachtsbaum e) Lametta f) Kerzen g) Karpfen h) Gänsebraten*

Erstellt von: Ursula Oppolzer

© 2020 Cornelsen Verlag GmbH, Berlin. Alle Rechte vorbehalten.
Die Vervielfältigung dieser Seite ist für den eigenen Unterrichtsgebrauch gestattet. Für inhaltliche Veränderungen durch Dritte übernimmt der Verlag keine Verantwortung.

Name: Klasse: Datum:

Zimtsterne

1. *Wenn du Zimtsterne backen willst, so findest du hier das Rezept, allerdings von einem Bäckermeister, der sehr, sehr viele Zimtsterne verkaufen will. Du solltest für deine Zimtsterne nur 250 g Puderzucker verwenden. Wie viel brauchst du dann von den anderen Zutaten?*

Rezept: Zimtsterne
39 Eier – 13 Tropfen Zitronensaft – 3,25kg Puderzucker – 19,5 TL Zimt – 26 Beutel echten Bourbon-Vanillezucker – 26 TL Zitronensaft – 39 Tropfen Bittermandelöl – 4,55 kg fein gemahlene Mandeln

2. *Schreib dir die Backanleitung richtig in dein Heft:*

trennedaseigelbvomeiweißundschlagedaseiweißmitsiebentropfenzitronensaft
steifgibnachundnachlangsamdenpuderzuckerdazuundrühreumgib2esslöffel
vondemeiweißineinetassefürdieglasurgibnunalleanderenzutatenzudereiweiß
puderzuckermasseundverkneteallesrolledenteigaufdiemitpuderzuckerbestreute
tischplattefingerdickausundstechesterneauslegediesterneaufeinblechmit
backpapierundglasieresiemitdemeiweißindertasselassediesterneüber
nachtstehenundbackesieamnächstentagimbackofenetwa25minutenbeica140grad

Weihnachtliches Festessen

3. *Achte auf die Schrifttypen und verbinde Nahrungsmittel und Länder.*

Gans, Stollen, Spekulatius, Lebkuchen Deutschland – Truthahn, Plumpudding England – Panettone Italien

Weihnachten auf der ganzen Welt

4. *Rate mal, in welchen Sprachen hier „Frohe Weihnachten“ steht und schreibe deine Vermutungen mit Bleistift dahinter. Tipp: Achte auf die Schrifttypen!*

Merry Christmas *Joyeux Noel* Buon natale **Feliz Navidad** Noel bayraminiz kutlu olsum **God jul** *Zhuni shengadanjie kuaile* Kurisumasu omedeto gozaimas

Sprachen in anderer Reihenfolge: *Chinesisch*, Englisch, **Spanisch**, Japanisch, Türkisch, Italienisch, **Schwedisch**, *Französisch*

Lösungen

Zimtsterne: *3 Eier, 1 Tropfen Zitronensaft, 1,5 TL Zimt, 2 Beutel Vanillezucker, 2 TL Zitronensaft, 3 Tropfen Bittermandelöl, 350 g gemahlene Mandeln*

© 2020 Cornelsen Verlag GmbH, Berlin. Alle Rechte vorbehalten.
Die Vervielfältigung dieser Seite ist für den eigenen Unterrichtsgebrauch gestattet. Für inhaltliche Veränderungen durch Dritte übernimmt der Verlag keine Verantwortung.

Erstellt von: Ursula Oppolzer

16 Glaube und Ernährung

Ziel / Leitidee	Die Schüler lernen Zusammenhänge zwischen dem jeweiligen Glauben der Menschen und ihrer Ernährung zu erkennen.
Klassenstufe	7 / 8 Rel / Deu / Bio
Vorbereitung / Material	1 Kopiervorlage in Klassenstärke / Tafel, Kreide bzw. Smartboard
Sozialform	Einzelarbeit, Klassenverband / Gruppenarbeit
Kompetenzbereich	Konzentriertes Lesen, Zusammenhänge erkennen, Informationen zuordnen, Recherchieren, *Tabellen und Mindmaps erstellen*

Hinführung

- Unterrichtsgespräch zu den **Fragen:**

> - *Gibt es bei den Christen Regeln, was das Essen betrifft?*
> - *Welche Glaubensrichtungen gibt es noch auf der Welt?*
> - *Kennst du Essensregeln anderer Religionen?*

Hauptphase

- Die Lehrkraft schreibt das Thema der Stunde *Glaube und Ernährung* an die Tafel.
- Die Schüler erstellen an der Tafel und in ihren Mappen **Tabellen** mit zwei Spalten: *Glaubensrichtungen / Ernährungsregeln*
- **Das Arbeitsblatt wird ausgeteilt.**
- Die Schüler bearbeiten den Lückentext in **Einzelarbeit** und **recherchieren.**
- Die Schüler schreiben die Nahrungsmittel der Texte auf und erklären zugleich, um was es sich jeweils handelt.

Ergebnissicherung

- Die Schüler lesen die Lösungen des Arbeitsblattes vor und korrigieren Fehler.
- Die Schüler füllen im **Klassenverband** die Tabelle an der Tafel aus.

Lösung

> **Glaube und Ernährung:** Religionen, „Götterspeisen", gebackene Hostien, Christstollen, Fleisch, Rapsöl, Fisch, Aschermittwoch, koschere, Talmud, Cheeseburger, Schweinefleisch, Hals, Pessachfest, Leben, Charosset, Meerrettich, Matzen

Name: Klasse: Datum:

Glaube und Ernährung

1. Lies diese Texte und fülle die Lücken aus.
2. Recherchiere und kläre, welche Essregeln es im Islam gibt.

In vielen .... gibt es Vorschriften über das, was gegessen werden darf und wann man es essen oder nicht essen soll. Es gibt „........................“, die zu Ehren des Gottes aufgetischt werden, und Zeiten, in denen gefastet wird.
Für **Christen** sind .... das Symbol für den Leib Christi.
Der .... wird in der Weihnachtszeit gebacken und seine Form soll an das neugeborene Jesuskind, in Windeln gewickelt, erinnern. In der katholischen Kirche gab es bis 1491 die Vorschrift, in der Adventszeit zu fasten, das heißt, kein .... und keine tierischen Produkte wie Butter und Milch zu essen. So verwendeten die Bäcker Wasser, ... und Mehl, um ihre Stollen zu backen, der dann scheußlich schmeckte. Christen sollen freitags kein Fleisch essen, da man an das Leiden von Jesus denken soll, der an einem Freitag gestorben ist. Deshalb stehen auf dem Speiseplan meistens ...., Eier, Kartoffelgerichte oder Mehlspeisen. Da Jesus – laut Bibel – 40 Tage und Nächte in der Wüste gefastet hat, verzichten gläubige Katholiken seit dem 4. Jahrhundert nach .... genau 40 Tage bis Ostern auf Fleisch.
Juden dürfen nur „........................“ Nahrung zu sich nehmen, so wie es der .... – das ist die Bibel der Juden – bestimmt. Im Talmud steht z. B., dass Fleisch und Milchprodukte niemals vermischt werden dürfen, also wird weder Butter noch Sahne in die Soße getan, die zum Fleisch gereicht wird. Auch Fleisch mit Käse überbacken, Salamipizza mit Käse und .... sind verboten. Gläubige Juden besitzen sogar zwei Kühlschränke, um Milchprodukte und Fleisch getrennt zu lagern oder gar zwei Spülmaschinen. Nicht „koscher“ sind z. B. ...., Aale, Krabben, Muscheln und Schnecken. Selbst Gummibärchen, die aus der Gelatine von Schweineknochen hergestellt werden, sind verboten. Juden sollen nur Fleisch von Tieren essen, die „geschächtet“ sind, das heißt, durch einen Schnitt am .... getötet wurden. Was auf dem jüdischen ...., das an den Auszug der Juden aus Ägypten erinnert, gegessen wird, ist genau vorgeschrieben. Jedes Nahrungsmittel hat eine besondere Bedeutung: Das Ei ist das Symbol für .... Bitterkräuter sollen an das Leid der Juden in Ägypten erinnern. Lammknochen erinnern an das Opferlamm und dürfen nicht gegessen werden.
.... ist eine Mischung aus Walnüssen und Äpfeln und soll daran erinnern, dass jüdische Sklaven Ziegeln herstellen mussten. .... erinnert an die Knechtschaft der Sklaven. Petersilie wird in Salzwasser getaucht, um der Tränen der jüdischen Sklaven zu gedenken. ...., ein Brot ohne Hefe oder Sauerteig, erinnert daran, dass auf der Flucht keine Zeit war, um Brot gehen zu lassen.

Matzen – Talmud – Religionen – „Götterspeisen“ – Cheeseburger – gebackene Hostien – Christstollen – Fleisch – Rapsöl – Fisch – Aschermittwoch – koschere – Schweinefleisch – Meerrettich – Hals – Pessachfest – Leben – Charosset

© 2020 Cornelsen Verlag GmbH, Berlin. Alle Rechte vorbehalten.
Die Vervielfältigung dieser Seite ist für den eigenen Unterrichtsgebrauch gestattet. Für inhaltliche Veränderungen durch Dritte übernimmt der Verlag keine Verantwortung.

Erstellt von: Ursula Oppolzer

17 Goldhamster und Goldküste

Ziel / Leitidee	Die Schüler können „Gold-Begriffe“ erklären und erweitern ihr Wissen auf unterschiedlichen Gebieten.
Klassenstufe	7 / 8 Deu / Bio
Vorbereitung / Material	1 Kopiervorlage in Klassenstärke / Tafel, Kreide oder Smartboard
Sozialform	Klassenverband / Partnerarbeit
Kompetenzbereich	Recherchieren, Zeitungsartikel schreiben und vortragen, *Tabellen erstellen, Wörter suchen*

Hinführung

- Unterrichtsgespräch zu den **Fragen**:
  - *Was ist alles aus Gold?*
  - *Woher kommt das Gold?*
  - *Welche Redewendungen kennt ihr, in denen Gold vorkommt?*
  - *Kennt ihr Märchen oder Geschichten, Romane, in denen Gold eine Rolle spielt?*

Hauptphase

- Die Schüler nennen im **Klassenverband** Wörter, die mit Gold beginnen.
- Die Schüler nennen Tiere und Pflanzen, in denen „Gold“ steckt?
- Das **Arbeitsblatt wird ausgeteilt.**
- Die Schüler erarbeiten in **Partnerarbeit** die Aufgaben des Arbeitsblattes.
- Die Schüler nennen im **Klassenverband** Begriffe mit Gold wie Goldene Hochzeit.
- Die Schüler **recherchieren** und klären die Begriffe schriftlich.
- Die Schüler schreiben für eine Zeitung kleine Artikel über 3 Begriffe.

Ergebnissicherung

- Die Schüler **lesen** die Begriffserklärungen vor.
- Einige Schüler lesen ihre **Zeitungsartikel** vor.

Mögliche Anschlussaktivitäten

- Die Schüler erstellen **Tabellen** mit 5 Spalten für die Fächer Deutsch, Geschichte, Biologie, Erdkunde und tragen die Gold-Begriffe entsprechend ein.
- Die Schüler lösen die Aufgaben mit **„Silber“.**

Alternative

- Die Schüler **suchen Wörter,** in denen die Buchstaben G O L D in beliebiger Reihenfolge vorkommen. Beispiele: *Oldenburg, Dorflage, Damenloge, …*

Name: Klasse: Datum:

Goldfisch und Goldküste

1. Schreibe zu den Informationen die entsprechenden Begriffe.

1. Ein rötlich oder goldfarbenes schwimmendes Tier. Es wurde seit dem 10. Jahrhundert in China gezüchtet und im 17. Jahrhundert nach Europa gebracht.

2. Die 5 km lange Einfahrt, auch goldenes Tor genannt, in die Bucht von San Franzisco in Kalifornien (USA). 1937 vollendet.

3. Ein einzelliges Lebewesen ohne Zellwand und mit Augenfleck. Die meisten von ihnen besitzen ein oder zwei Chloroplasten. Manche von ihnen leben in Kolonien.

4. Dieser Fisch ist ein Meeresfisch im nördlichen Atlantik.

5. Mit diesem Begriff wird ein Küstenabschnitt in Westafrika und auch eine Küstenregion am Pazifik in China bezeichnet.

6. Ein Nagetier

7. Eine Vogelart aus der Familie der Ammern

8. Eine goldfarbene 20–60 cm hohe Zierpflanze aus der Familie der Kreuzblütler

9. Der kleinste heimische Vogel. Er ist nur 9 cm lang und 5 g schwer und frisst vor allem Insekten und Spinnen. Er lebt in Misch- und Nadelwäldern.

10. Eine giftige Pflanzenart, die als Strauch oder Baum bis zu 7 m hoch wird. Die gelben Blüten sind in hängenden Trauben angeordnet.

Golden-Gate-Bridge – Goldbarsch – Goldhamster – Goldlack – Goldregen – Goldfisch – Goldküste – Goldalge – Goldammer – Goldhähnchen

Morgenstund' hat Gold im Mund

2. Hier sind einige Redewendungen fehlerhaft. Schreibe sie richtig in dein Heft.

Im goldenen Auto sitzen	Es ist nicht alles Gold im Juweliergeschäft
Gold in der Küche haben	Etwas auf die Küchenwaage legen
Abendstund' hat Gold im Mund	Sich eine goldene Uhr verdienen
Ein eigener Hut ist Goldes wert	Um die goldene Musikbox tanzen
Reden ist Silber, Schreien ist Gold	Nicht den Osterhasen schlachten, der goldene Eier legt

Lösungen

Goldfisch und Goldküste: 1. 1. Goldfisch 2. Golden-Gate-Bridge 3. Goldalge 4. Goldbarsch 5. Goldküste 6. Goldhamster 7. Goldammer 8. Goldlack 9. Goldhähnchen 10. Goldregen / 2. Käfig, Kehle, Morgenstund, Herd, Schweigen, was glänzt, Goldwaage, Nase, Kalb, Huhn

Erstellt von: Ursula Oppolzer

© 2020 Cornelsen Verlag GmbH, Berlin. Alle Rechte vorbehalten.
Die Vervielfältigung dieser Seite ist für den eigenen Unterrichtsgebrauch gestattet. Für inhaltliche Veränderungen durch Dritte übernimmt der Verlag keine Verantwortung.

18 „Teddy“ und „Dynamo“ – Fremdwörter erklären

Ziel / Leitidee	Die Schüler erweitern ihren Wortschatz, lernen die richtige Schreibweise bestimmter Wörter und können Fremdwörter erklären.
Klassenstufe	7 / 8 Deu / Allgemeinwissen
Vorbereitung / Material	1 Kopiervorlage in Klassenstärke / Tafel, Kreide
Sozialform	Klassenverband / Partnerarbeit / Einzelarbeit
Kompetenzbereich	Konzentriertes Lesen, Informationen zuordnen, Tabellen erstellen, Recherchieren, *Geschichten erfinden*

Hinführung

- Unterrichtsgespräch zu den **Fragen**:

  - *Wisst ihr, woher der Teddy seinen Namen hat?*
  - *Was ist ein Dynamo?*
  - *Welche Fremdwörter mit „y“ fallen euch spontan ein?*

Hauptphase

- Im **Klassenverband** nennen die Schüler Fremdwörter von A–Z.
- Die Lehrkraft zeichnet an der Tafel zwei Spalten *Wörter mit „y“ am Ende / „Wörter mit „y“ in der Mitte* und schreibt links am Rand in Großbuchstaben das Alphabet senkrecht (ohne C, X, Y).
- **Aufgabe in Einzelarbeit** ist es, in einer bestimmten Zeit (z. B. 3 oder 5 Minuten) zu möglichst vielen Buchstaben des Alphabetes je ein Wort mit „y“ am Ende und ein Wort mit „y“ in der Mitte zu finden.
- Alle fangen gleichzeitig an, dann läuft die Zeit. Das Paar, das nach der vorgegebenen Zeit die meisten Wörter gefunden hat, gewinnt dieses Spiel. Die Stifte werden weggelegt, und die ersten 5 Paare kommen nach vorn und lesen ihre Wörter vor.
- Das Arbeitsblatt wird mit der Schriftseite nach unten ausgeteilt.
- Alle Schüler beginnen gleichzeitig, so schnell wie möglich die erste Aufgabe Teil 1 des Arbeitsblattes zu bearbeiten (Teil 2, 3, 4, 5).

Ergebnissicherung

- Die Schüler **lesen** ihre erarbeiteten Ergebnisse vor und korrigieren eventuelle Fehler.

Mögliche Anschlussaktivitäten

- Die Schüler **erfinden** eine kleine Geschichte, in der möglichst viele Wörter ein „y“ enthalten und keine Wörter mit „ü“ vorkommen.
- Die Schüler wählen 7–10 Wörter aus, **recherchieren** und klären die Bedeutung.

Name: Klasse: Datum:

Teddy und Dynamo

1. *Unterstreiche und zähle so schnell wie möglich alle Wörter, die auf „y" enden.*
2. *Zähle alle Wörter, deren zweiter Buchstabe ein „y" ist.*
3. *Zähle alle Wörter, die auf „ie" enden.*
4. *Zähle alle Wörter, die auf „ik" enden.*
5. *Zähle alle Wörter, die ein „y" und drei unterschiedliche Vokale enthalten.*

Teddy, Dynamo, Baby, Rowdy, Pyjama, Typ, Lady, Zylinder, Cowboy, Hygiene, Foyer, Thymian, Sympathie, Gymnasium, Symbol, Idyll, Hypnose, Synthese, Rhythmus, Hydraulik, Kybernetik, Symmetrie, Zyklus, Yoga, Pyramide, Hyazinthe, Lymphe, Hymne, Gymnastik, Chrysanthemen, Dynastie, Synagoge, Tyrann, Xylophon, Hypothese, Glycerin, Hyäne, Pygmäen, Dynamit, Mythologie, Symbiose, Symptom, synchron, hysterisch, dynamisch

6. *Ordne diesen Erklärungen die richtigen Fremdwörter zu.*

a) Schule, auf der man Abitur machen kann
b) Zusammenleben von Organismen zu gegenseitigem Nutzen
c) Spiegelbildlichkeit
d) ein wolfsgroßes Raubtier
e) eine Unterstellung eines bestimmten Zusammenhangs von Tatsachen
f) ein feierlicher Gesang zum Lob der Götter
g) ein Sprengstoff
h) ein selbst erregender Gleichstromaggregator wie beim Fahrrad
i) Kreislauf regelmäßig wiederkehrender Ereignisse
j) Grab- und Tempelform verschiedener Kulturen
k) schwarze Kopfbedeckung
l) Musikinstrument mit „X"
m) Gebetshaus der Juden
n) kleinwüchsige Menschen in den Regenwäldern Zentralafrikas

	Dynamit
	Dynamo
	Hyäne
	Hypothese
	Gymnasium
	Pygmäen
	Zyklus
	Symbiose
	Pyramide
	Zylinder
	Symmetrie
	Xylophon
	Hymne
	Synagoge

Lösungen

Teddy und Dynamo: 1. (5) – 2. (34) – 3. (4) – 4. (3) – 5. (9)
6. *a) Gymnasium b) Symbiose c) Symmetrie d) Hyäne e) Hypothese f) Hymne g) Dynamit h) Dynamo i) Zyklus j) Pyramide k) Zylinder l) Xylophon m) Synagoge n) Pygmäen*

© 2020 Cornelsen Verlag GmbH, Berlin. Alle Rechte vorbehalten.
Die Vervielfältigung dieser Seite ist für den eigenen Unterrichtsgebrauch gestattet. Für inhaltliche Veränderungen durch Dritte übernimmt der Verlag keine Verantwortung.

Erstellt von: Ursula Oppolzer

19 Kreuzworträtsel

Ziel / Leitidee	Die Schüler erweitern auf spielerische Weise ihr Wissen.
Klassenstufe	7 / 8 Deu / Bio / Ek / Allgemeinwissen
Vorbereitung / Material	1 Kopiervorlage in Klassenstärke, Kärtchen, Scheren
Sozialform	Gruppenarbeit
Kompetenzbereich	Konzentriertes Lesen, Schreiben, Recherchieren

Hinführung

- Unterrichtsgespräch mit der **Frage**:

  - *Was bezeichnet man als Allgemeinwissen?*

Hauptphase

- Es werden **Gruppen** gebildet.
- Das **Arbeitsblatt wird ausgeteilt.**
- Die Schüler versuchen, in den Gruppen gemeinsam das **Kreuzworträtsel** zu lösen.
- Die Schüler falten ein Blatt Papier 3 x, damit 8 Kärtchen entstehen.
- Die Schüler **recherchieren** im Internet und **schreiben** die Informationen zu den Lösungsbegriffen auf Kärtchen. Jede Gruppe zeichnet ein eigenes Symbol auf die Kärtchen.

Ergebnissicherung

- Nach einer vorher festgelegten Zeit **lesen** die Gruppen immer im Wechsel die Lösungen des Kreuzworträtsels vor.
- Die **Kärtchen** mit den Informationen werden auf den Tischen offen ausgelegt.
- Die Schüler gehen von Tisch zu Tisch und schreiben Informationen auf ein eigenes Blatt, das anschließend in die Mappe eingeheftet wird.

Mögliche Anschlussaktivitäten

- Es werden neue **Gruppen** gebildet.
- Die Kärtchen werden eingesammelt, gemischt und wieder neu ausgeteilt.
- Die Gruppen schreiben auf die Rückseite der Kärtchen die entsprechenden Begriffe.

Alternative

- Die Gruppen beschäftigen sich mit weiteren Begriffen der Naturwissenschaften und entwickeln selbst ein **Kreuzworträtsel** mit 10 bis 20 Fragen.

Name: Klasse: Datum:

Kreuzworträtsel

1. Löse dies Kreuzworträtsel. Recherchiere!
2. Schreibe Infos zu den Lösungsbegriffen auf.

Waagerecht ➤

1. Wer erreichte als erster Mensch den Südpol? A. . . .
2. Wer war der erste Weiße, der den afrikanischen Kontinent erforschte? Sein Vorname war David und seine Initialen lauteten D. L.
3. Wie heißt der Kraftstoff für Flugzeuge? K. . . .
4. In welcher Stadt steht das Brandenburger Tor? B. . . .
5. In welcher Stadt steht der Eiffelturm? P. . . .
6. Wo kannst du die Freiheitsstatue bewundern? N. . . .
7. In welcher Stadt kannst du den Roten Platz betreten? M. . . .
8. Wer hat das erste motorbetriebene Flugzeug gebaut? W. . . .
9. Wer trägt den teuersten Anzug der Welt? A. . . .
10. Wer schrieb „Der Schatz im Silbersee"? K. M. . . .
11. Welches Tier gilt als Symbol des Friedens? T. . . .
12. Wo ist der Sitz der NATO? B. . . .
13. Bei welchen Tieren bringen die Männchen die Jungen zur Welt? S. . . .
14. Wer schrieb den Satz: „Durch diese hohle Gasse muss er kommen." F. Sch. . . .
15. Wie nennt man eine Falschmeldung in der Zeitung? E. . . .
16. Wie heißt der Erfinder des Revolvers? C. . . .
17. Wie heißt der römische Gott mit den zwei Gesichtern? J. . . .

Senkrecht ▼

1. Wie nennt man jemanden, der sich selbst fortbildet? A. . . .
2. Welcher Planet hat einen Ring? S. . . .
3. Welcher giftige Fisch ist in Japan eine Delikatesse? K. . . .
4. Wie heißen die größten Tiere der Erde? B. . . .
5. Welches Tier war das erste, das als Haustier gehalten wurde? Z. . . .
6. Wer schrieb: „Dieses ist der erste Streich und …" W. B. . . .
7. Welcher Komponist komponierte die Melodie der deutschen Nationalhymne? H. . . .
8. Wie nennt man ein indianisches Kleidungsstück? P. . . .
9. Welches Gewürz wird aus den Früchten einer Orchidee gewonnen? V. . . .
10. Was ist die Komplementärfarbe zu Blau? O. . . .
11. Welcher Handwerker benutzt einen Diamanten als Werkzeug? G. . . .
12. Wie heißt der Bundespräsident im Jahr 2014? G. . . .
13. Wie nennt man die Larven des Maikäfers? E. . . .
14. Wie heißt ein heißer, oft trockener Wind im Mittelmeerraum? Sch. . . .
15. Wie heißen Fische, bei denen die Augen nur auf einer Seite sitzen? Sch. . . . . . .
16. Wie nennt man eine hymnische Strophe? O. . . .
17. Woraus besteht Stanniolpapier? Z. . . .

© 2020 Cornelsen Verlag GmbH, Berlin. Alle Rechte vorbehalten.
Die Vervielfältigung dieser Seite ist für den eigenen Unterrichtsgebrauch gestattet. Für inhaltliche Veränderungen durch Dritte übernimmt der Verlag keine Verantwortung.

Erstellt von: Ursula Oppolzer

Name: Klasse: Datum:

Kreuzworträtsel

Lösungen

Kreuzworträtsel: Waagerecht: 1. Amundsen 2. Livingstone 3. Kerosin 4. Berlin 5. Paris 6. New York 7. Moskau 8. Gebrüder Wright 9. Astronaut 10. (Karl) May 11. Taube 12. Bruessel 13. Seepferdchen 14. (Friedrich) Schiller 15. Ente 16. Colt 17. Janus
Senkrecht: 1) Autodidakt 2) Saturn 3) Kugelfisch 4) Blauwale 5) Ziege 6) Busch 7) Haydn 8) Poncho 9) Vanille 10) Orange 11) Glaser 12) Gauck 13) Engerlinge 14) Schirokko 15) Schollen 16) Ode 17) Zinn

Erstellt von: Ursula Oppolzer

© 2020 Cornelsen Verlag GmbH, Berlin. Alle Rechte vorbehalten.
Die Vervielfältigung dieser Seite ist für den eigenen Unterrichtsgebrauch gestattet. Für inhaltliche Veränderungen durch Dritte übernimmt der Verlag keine Verantwortung.

Schwarzmalerei und Grauzonen

20

Ziel / Leitidee	Die Schüler lernen, was die Begriffe mit den Farben „Schwarz“ und „Grau“ bedeuten, können sie erklären und erweitern so ihr Wissen auf unterschiedlichen Gebieten.
Klassenstufe	7 / 8 Deu / Bio / Ek
Vorbereitung / Material	1 Kopiervorlage in Klassenstärke / Tafel, Kreide oder Smartboard
Sozialform	Klassenverband / Partnerarbeit
Kompetenzbereich	Recherchieren, Steckbriefe erstellen, Fragen stellen, Informationen zuordnen

Hinführung

- Unterrichtsgespräch mit den **Fragen:**

> - *Was ist alles schwarz (grau)?*
> - *Welche Redewendungen kennt ihr, in denen die Farbe „Schwarz“ (Grau) vorkommt?*
> - *Kennt ihr ein Gedicht, eine Geschichte, ein Märchen, einen Roman, einen Film oder ein Gemälde, bei dem die Farbe „Schwarz“ („Grau“) eine Rolle spielt?*

Hauptphase

- Die Lehrkraft schreibt *Schwarzmalerei – Grauzonen* an die Tafel.
- Die Schüler nennen im **Klassenverband** unterschiedliche Schwarztöne (Grautöne).
- Die Schüler nennen im Klassenverband Wörter, die mit der Farbe „Schwarz“ (Grau) beginnen.
- Das **Arbeitsblatt wird ausgeteilt.**
- Die Schüler erarbeiten in **Partnerarbeit** die Aufgaben des Arbeitsblattes.
- Die Schüler **recherchieren** und klären die recherchierten Begriffe schriftlich.
- Die Schüler erstellen **Fragebögen** und Antwortlisten.
- Die Schüler schreiben für eine Zeitung kleine **Steckbriefe** zu den Begriffen.

Ergebnissicherung

- Die Schüler lesen die **Begriffserklärungen bzw. Steckbriefe** vor.
- Die Schüler lesen ihre **Fragen** vor und lassen sie von anderen Schülern beantworten.
- Die Fragebögen und Antwortlisten werden in die Mappen eingeheftet.

Mögliche Anschlussaktivitäten

- Es werden **Gruppen** gebildet
- Jede Gruppe **recherchiert** Begriffe mit einer **anderen Farbe** (Weiß, Rot, Blau, Grün, Gelb) und erklärt sie schriftlich.

Name: Klasse: Datum:

Schwarz – Grau

1. Lies so schnell wie möglich diesen Buchstabensalat, zähle, wie oft die Farbe je vorkommt.
2. Schreibe die „Weiß-Wörter heraus.
3. Erstelle eine Tabelle und ordne alle Begriffe unterschiedlichen Bereichen zu.
4. Schreibe kleine Zeitungsartikel über 3 (5) Begriffe deiner Wahl.

WEISSEROSEGRAUZONEWEISSESHAUSSCHWARZESBRETTGRAUBROT
GRAUWALGRAUSCHIMMELSCHWARZWALDWEISSDORNWEISSBUCHE
GRAUBÜNDENSCHWARZWILDSCHWARZMARKTWEISSSTORCHSCHWARZ
ARBEITSCHWARZERFREITAGWEISSRUSSLANDWEISSGOLDSCHWARZER
PANTHERSCHWARZEZAHLENSCHWARZELÖCHERSCHWARZESMEER
WEISSBLECHWEISSKÄSEGRAUERSTARSCHWARZEKUNSTGRAUETHEORIE
WEISSEFAHNEWEISSEZWERGEWEISSKOHLWEISSERSONNTAGSCHWARZ
AFRIKASCHWARZMALEREIWEISSWURSTSCHWARZKITTELGRAU
WACKEGRAUESCHWESTERNWEISSBIERGREYAREASWEISSEWESTE

5. Lies diese Informationen zur Farbe „Schwarz" konzentriert durch und fülle die Lücken mit den entsprechenden Wörtern.

Am spanischen Hof (Karl I. und Philipp II.) herrschte ein Jahrhundert (16. Jahrhundert) die Farbe S.................... vor, die düstere Farbe der F.................... und der Inquisition. Die Braut trug Ende des 19. Jahrhunderts und zu Beginn des 20. Jahrhunderts ein schwarzes B.................... mit einem weißen S...................., ein Kleid, das mehrfach im Leben getragen werden konnte. Ein s.................... Brautkleid war vernünftig, so wie auch die Ehe aus Vernunftsgründen geschlossen wurde und überwiegend nicht aus L..................... Heute ist ein schwarzes Kleid oder ein schwarzer A.................... elegant. Coco Chanel kreierte 1930 das „Kl.................... S....................". Schwarz ist in unserem Kulturkreis die Farbe der T....................

Lösungen

Schwarz: *(14 x) Schwarzes Brett, Schwarzer Freitag, schwarze Kunst, schwarze Zahlen, Schwarzes Meer, schwarzer Tag, Schwarzer Peter, Schwarze Löcher, Schwarzafrika, Schwarzmalerei, Schwarzkittel, Schwarzwald, Schwarzmarkt, Schwarzarbeit /* **Grau:** *(10 x) Grauzone, Graubrot, Graubünden, Grauschimmel, Grauwal, Grauer Star, Graue Theorie, Grauwacke, Graue Schwestern, Grey Areas = Gebiete in Amerika, in denen die Arbeitslosigkeit besonders hoch ist. /* **Weiß:** *(16 x) weiße Fahne, Weiße Rose, Weißes Haus, weiße Zwerge, weiße Weste, weißer Regen, Weißer Sonntag, Weißkohl, Weißwurst, Weißbier, Weißdorn, Weißbuche, Weißstorch, Weißblech, Weißkäse, Weißgold*
4. Schwarz, Frömmigkeit, Brautkleid, Schleier, schwarzes, Liebe, Anzug, „Das kleine Schwarze", Trauer

Erstellt von: Ursula Oppolzer

© 2020 Cornelsen Verlag GmbH, Berlin. Alle Rechte vorbehalten.
Die Vervielfältigung dieser Seite ist für den eigenen Unterrichtsgebrauch gestattet. Für inhaltliche Veränderungen durch Dritte übernimmt der Verlag keine Verantwortung.

Kinderarbeit und ein Bett für alle

21

Ziel / Leitidee	Die Schüler lernen etwas über die Zeit des ausgehenden 19. Jahrhunderts und über den Alltag vieler Kinder und Erwachsener.
Klassenstufe	7 / 8 Deu / Ge / Allgemeinwissen
Vorbereitung / Material	1 Kopiervorlage in Klassenstärke / Tafel, Kreide bzw. Smartboard
Sozialform	Klassenverband / Partnerarbeit / Gruppenarbeit
Kompetenzbereich	Recherchieren, Tabellen erstellen Fragen stellen, Erklärungen schreiben und vortragen

Hinführung

- Unterrichtsgespräch mit der **Frage:**

> - *Gibt es heute Kinderarbeit?*

Hauptphase

- Die Lehrkraft schreibt *Kinderarbeit und ein Bett für alle* an die Tafel.
- Das **Arbeitsblatt wird ausgeteilt.**
- Die Schüler erarbeiten in **Partnerarbeit** die Aufgabe des Arbeitsblattes.
- Die Schüler **recherchieren** und klären die recherchierten Begriffe schriftlich.
- Die Schüler erstellen **Fragebögen** und Antwortlisten.

Ergebnissicherung

- Es werden **zwei Gruppen** gebildet.
- Die eine Gruppe dreht ihre Arbeitsblätter um.
- Die Schüler der 2. Gruppe lesen ihre **Fragen** vor und die Schüler der 1. Gruppe antworten.

Mögliche Anschlussaktivitäten

- Die Schüler klären die politischen Verhältnisse in Deutschland zwischen 1870 und 1900.
- Die Schüler **recherchieren,** welche berühmten Persönlichkeiten um diese Zeit gelebt haben.

Lösungen

> **Berlin 1880:**
> *3.* 4,61 %
> *4.* 40 Taler

Name: Klasse: Datum:

Berlin 1880

1. *Lies diesen Text und erstelle einen Fragebogen. Die* ***Antworten*** *deiner Fragen sind im Text* ***fett*** *gedruckt.*
2. *Kläre die Krankheiten des Textes. Recherchiere!*

1880 lebten in Berlin **1,3 Mio. Menschen** und viele von ihnen suchten Arbeit, Brot und Wohnungen. **60.000 Menschen** waren sogenannte **Schlafgänger,** die kein eigenes Zimmer hatten, sondern nur einen Schlafplatz für ein paar Stunden, entweder tagsüber oder nachts, je nach Arbeit. Wenn z. B. der Bäckergeselle nachts zur Arbeit ging, legte sich der Fabrikarbeiter in das oft noch warme Bett. Die Wohnungen waren ständig überfüllt. Die Not der Menschen war so groß, dass eine Familie manchmal über 30 Schlafgänger hatte. Wer keinen Schlafplatz ergattert hatte, gesellte sich zu den tausenden von Landstreichern und Obdachlosen, die **unter Brücken und in Parks** die Nächte verbrachten. Im Winter gab es die sogenannten **Wärmehallen,** in denen sich z. B. am 30. Januar 1895 etwa **4.000 Obdachlose** aufhielten. Trotzdem verhungerten und erfroren viele Menschen. Die überfüllten Wohnungen mit den **katastrophalen sanitären Verhältnissen** führten zu Krankheiten wie **Typhus, Tuberkulose, Cholera.** 1892 kam es in Hamburg zu einer **Choleraepidemie** und in zwei Monaten starben über 8.000 Menschen. **Fast 40 % der arbeitenden Bevölkerung** starb an Tuberkulose. In den Arbeiterfamilien wurde die Wäsche oft in kleinen **Holzwannen** in der Wohnung gewaschen und aufgehängt, was zu feuchten Wänden und **Schimmelpilzen** führte. Die Straßen in den Städten waren mit **Tierkot und Abfällen** übersät. Es gab Kotsucher, die den gesammelten Hundekot in Mengen an **Gerbereien** lieferten und einen Hungerlohn dafür erhielten. Schornsteinfeger, die von Haus zu Haus gingen, kamen immer in Begleitung kleiner **Jungen im Alter von 5 oder 6 Jahren.** Diese Kinder mussten in die engen Schlote klettern und die Schornsteine säubern, wobei sie sich oft verletzten. In Berlin baute man Mietskasernen ähnlich den preußischen **Militärkasernen,** um Wohnraum für die vielen Menschen zu schaffen, die vom Land in die Stadt strömten. **Eine Wohnung** bestand nur aus einem Zimmer und kostete fast die Hälfte eines durchschnittlichen Lohnes von 80 Talern. Wer dieses Geld nicht aufbringen konnte, hauste in feuchten Kellern, war Schlafgänger oder obdachlos.

Fragen

3. *Wie hoch ist 1880 in Berlin der Prozentsatz der Schlafgänger?*
4. *Wie teuer war eine Wohnung in einer Mietskaserne im Berlin Ende des 19. Jahrhunderts?*

Tipp Ähnlichkeit schafft Verwirrung: Wenn du ähnliche Daten und Fakten lernen willst, dann lerne sie zeitlich und räumlich weit auseinander. Lerne z. B. englische und französische Vokabeln nicht direkt hintereinander und schreibe z. B. Wörter mit „ss" und Wörter mit „ß" nicht in Spalten direkt nebeneinander, sondern auf unterschiedlichen Seiten deines Heftes und möglichst in unterschiedlichen Farben. So gibt es beim Abrufen der Infos keine Verwechslungen.

© 2020 Cornelsen Verlag GmbH, Berlin. Alle Rechte vorbehalten.
Die Vervielfältigung dieser Seite ist für den eigenen Unterrichtsgebrauch gestattet. Für inhaltliche Veränderungen durch Dritte übernimmt der Verlag keine Verantwortung.

Erstellt von: Ursula Oppolzer

Auf der Flucht

22

Ziel / Leitidee	Die Schüler erfahren, warum Menschen fliehen und erhalten Beispiele für Fluchtbewegungen in der Vergangenheit.
Klassenstufe	7 / 8 Deu / EK / Allgemeinwissen
Vorbereitung / Material	1 Kopiervorlage in Klassenstärke / Tafel, Kreide bzw. Smartboard
Sozialform	Klassenverband / / Gruppenarbeit
Kompetenzbereich	Recherchieren, Radiosendungen erstellen, Geschichten schreiben

Hinführung

- Unterrichtsgespräch mit der **Frage:**

  - *Warum fliehen Menschen aus ihrer Heimat?*

Hauptphase

- Die Lehrkraft schreibt Auf der Flucht an die Tafel.
- Es werden Gruppen gebildet.
- Das Arbeitsblatt wird ausgeteilt.
- Die Schüler erarbeiten in Gruppenarbeit die Aufgaben des Arbeitsblattes.

Ergebnissicherung

- Die Gruppen lesen die Lösungen der Aufgaben vor.
- Die Gruppen stellen ihre Radiosendungen vor.

Lösungen

Flüchtlingsschicksale: *3.* 15.000 Passagiere / Das Dampfschiff von Deniys Papin fuhr bereits 1707 auf der Fulda von Kassel nach Münden. Der Raddampfer von Robert Fulton von 1807 war noch mit Segeln bestückt. Der erste Hochseedampfer wurde 1889 gebaut. Flüchtlinge 2014 weltweit befanden sich 60 Millionen auf der Flucht. *Die Hälfte der Flüchtlinge waren Kinder.* Die 7 größten Herkunftsländer von Flüchtlingen: Syrien (3,88 Mio.), Afghanistan (2,59 Mio.), Somalia (1,11 Mio.), Sudan (648.900), Demokratische Republik Kongo (516.800) Myamar (479.000) (Daten der UNO Flüchtlingshilfe, online bereitgestellt). Die 6 größten Aufnahmeländer von Flüchtlingen: Türkei (1,59 Mio.), Pakistan (1,51 Mio.), Libanon (1,15 Mio.), Iran (982.400), Äthiopien (659.500), Jordanien (654.100). Vergleich Deutschland: 172.945 (Daten des SPIEGELs zufolge), etwas über 200.000 (Daten des NDRs zufolge).

Name: Klasse: Datum:

Flüchtlingsschicksale

1. *Lies diese Texte und erarbeite eine Radiosendung zum Thema.*
2. *Aus welchen Ländern flüchteten früher und flüchten heute die Menschen? Recherchiere!*
3. *Wie viele Menschen konnten mit einem Dampfschiff, das für 1.000 Passagiere gebaut worden war, jährlich nach Amerika gebracht werden? Seit wann gibt es Dampfschiffe?*
4. *Zeichne die Route von einem Fluchtland in Afrika nach Deutschland. Wie weit ist der Weg? Durch welche Länder müssen die Flüchtlinge ziehen?*

„Im Jahr 2063 ist Europa unbewohnbar. Aufgrund einer gewaltigen radioaktiven Verseuchung durch einen Reaktorunfall beginnen die Europäer in Massen nach Afrika zu flüchten. In vollkommen überfüllten Booten und vom Wind aufgepeitschten Wellen versuchen sie, afrikanischen Boden zu erreichen. Skrupellose Schlepperbanden nehmen ihnen den letzten Cent ab. Diejenigen, die es schaffen, afrikanischen Boden zu betreten, werden von der Küstenwache und den Behörden aufgehalten, schikaniert, zurückgeschickt oder in immer mehr überfüllte Lager gesteckt. Sie bekommen den unterschwelligen Rassismus der Einwohner zu spüren."

aus: Ronen Steinke, „Seelenverkäufer", Die Süddeutsche Zeitung Nr. 113, 17./18. Mai 2014, S. 9

In der heutigen Zeit sind es z. B. die Afrikaner, die versuchen, über das Mittelmeer nach Europa zu flüchten und vor einer Europäischen Festung stehen. Die Länder ziehen ihre Zugbrücken hoch und werfen erst seit kurzem ein paar Rettungsringe ins Wasser. Italiens Regierung betreibt seit Anfang 2014 eine Aktion zur Rettung Schiffbrüchiger unter dem Namen „Mare Nostrum" (unser Meer). Die Politiker wollen die vermeintliche Bedrohung verdeutlichen und erklären, dass 2011 über 62.000 Afrikaner nach Europa gekommen sind und die Zahl im Jahr 2014 weit darüber liegen wird. Vergessen haben die Europäer, dass in den vergangenen Jahrhunderten immer wieder Menschen aus Europa nach Amerika flüchteten, aus Hunger oder weil sie verfolgt wurden (z. B. Juden).

Die Heimat verlassen

Von der Mitte des 19. Jahrhunderts bis zum Ersten Weltkrieg 1914 verließen mehr als 50 Mio. Menschen Europa. Die meisten wanderten nach Amerika aus, aber viele gingen auch nach Australien, Neuseeland und in andere Länder. Mit Segelschiffen dauerte die Überfahrt nach Amerika mindestens 35 Tage. Nachdem das Dampfschiff erfunden worden war, betrug die Reisedauer nur etwa 12 Tage und die Reisekosten waren viel geringer, da mehr als 1.000 Passagiere Platz fanden. Das größte Dampfschiff war damals mit 72 m Länge der Raddampfer Great Western. 6 Jahre später wurde die Great Britain gebaut, die mit einer Schiffsschraube angetrieben wurde und deren Rumpf aus Eisen bestand. Es wurden Luxusreisen angeboten und viele Güter transportiert. Doch hauptsächlich wollten Menschen aus Not und politischer Verfolgung über den Atlantik. Zunächst wanderten viele Iren aus, da viele Missernten, die stark anwachsende Bevölkerung und die seit 1845 immer wieder auftretende Kartoffelfäule in Irland zu Armut und Hungersnöten führten.

© 2020 Cornelsen Verlag GmbH, Berlin. Alle Rechte vorbehalten.
Die Vervielfältigung dieser Seite ist für den eigenen Unterrichtsgebrauch gestattet. Für inhaltliche Veränderungen durch Dritte übernimmt der Verlag keine Verantwortung.

Erstellt von: Ursula Oppolzer

The Boy King

23

Ziel / Leitidee	Die Schüler erhalten Informationen über König Edward I., erweitern ihren Wortschatz in Englisch und Deutsch.
Klassenstufe	7 / 8 En, Ge, Deu / Allgemeinwissen
Vorbereitung / Material	1 Kopiervorlage in Klassenstärke / Englisches Wörterbuch
Sozialform	Klassenverband / Partnerarbeit
Kompetenzbereich	Konzentriertes Lesen, Aufgaben bearbeiten, Übersetzen, Tabelle erstellen

Hinführung

- Unterrichtsgespräch mit den **Fragen:**

> - *Was wisst ihr über Großbritannien?*
> - *Welche berühmten Bauwerke stehen in London?*
> - *Welche Könige und Königinnen kennt ihr?*

Hauptphase

- Die Lehrkraft schreibt *The Boy King* an die Tafel.
- Die Schüler nennen englische Wörter, die mit „b“ und mit „k“ beginnen.
- Das **Arbeitsblatt wird ausgeteilt.**
- Die Schüler erarbeiten in **Partnerarbeit** die Aufgaben des Arbeitsblattes.
- Die Schüler schreiben die Übersetzung in ihr Heft.

Ergebnissicherung

- Die Schüler **lesen** den Text über Edward VI. und die Ergebnisse der Aufgaben vor.
- Die Schüler klären im Klassenverband die **Bedeutung der neuen Vokabeln** im Text.

Lösung

> **The Boy King:** *1.* 1. Edward VI. was crowned King of England, in Westminster Abbey, when he was nine years old. 2. He was too young to reign on his own, so his uncle, the Duke of Somerset, ruled on his behalf for him. 3. Edward was a quiet boy, but he enjoyed playing games with other boys. 4. His favourite game was a chasing game called „Prison Bars“. 5. If Edward never did anything wrong, he was never punished. 6. Instead, another boy was whipped in place of the King. 7. Barnaby was called the King's „Whipping Boy“. 8. When he was fifteen years old, he became ill and died in the year 1553. – *2.* 1. Where was Edward crowned? 2. Who was the uncle of King Edward VI.? 3. How did Edward die? 4. What was Edward's favourite game? 5. Why did the Duke of Somerset rule instead of King Edward?

Name: Klasse: Datum:

The Boy King

1. Lies den Text und übersetze ihn mithilfe der Wörter im Kasten.

1. Als König Edward VI. von England 9 Jahre alt war, wurde er in der Westminster Abbey in London gekrönt.
2. Er war zu jung, um selbst zu regieren, und so herrschte sein Onkel, der Duke of Somerset, in seinem Namen.
3. Edward war ein ruhiger Junge, aber er spielte gern mit anderen Kindern Spiele. Sein Lieblingsspiel war ein Jagdspiel, das „Prison Bars“ genannt wurde.
4. Da Edward niemals etwas falsch machte, wurde er nie bestraft.
5. Anstelle des Königs wurde ein anderer Junge, genannt Barnaby, geschlagen.
6. Barnaby wurde der „Prügelknabe“ des Königs genannt.
7. Als Edward VI. 15 Jahre alt war, wurde er krank und starb im Jahr 1553.

crowned = gekrönt / to reign = regieren / enjoyed = genoss / uncle = Onkel / to rule = herrschen / quiet = ruhig / to enjoy = genießen / chasing game = Jagdspiel / wrong = falsch / punished = bestraft / whipped = geschlagen / whipping boy = Prügelknabe / ill = krank

2. Stelle Fragen, die mit diesen Wörtern beginnen.

1. Where ....?
2. Who ....?
3. How ....?
4. What ....?
5. Why ....?

4. Ratet mal und rechnet.

1. Gab es für Edward „fish and chips“?
2. Ging Edward in eine öffentliche Schule?
3. Konnte Edward seine Freunde anrufen, wenn er mit ihnen sprechen wollte?
4. Wie war Edward angezogen?
5. Mit was hat der kleine Edward wahrscheinlich gespielt?
6. Wie heißt der berühmte englische Dichter, der im 16. Jahrhundert geboren wurde?
7. Wie lange ist es her, dass König Edward VI. geboren ist?

© 2020 Cornelsen Verlag GmbH, Berlin. Alle Rechte vorbehalten.
Die Vervielfältigung dieser Seite ist für den eigenen Unterrichtsgebrauch gestattet. Für inhaltliche Veränderungen durch Dritte übernimmt der Verlag keine Verantwortung.

Erstellt von: Ursula Oppolzer

Das Eisenbahnzeitalter

24

Ziel / Leitidee	Die Schüler erhalten Informationen über den Beginn des Eisenbahnzeitalters und über die Länder, in denen die ersten Eisenbahnen fuhren.
Klassenstufe	7 / 8 Deu / Phy / Ma
Vorbereitung / Material	1 Kopiervorlage in Klassenstärke / Tafel, Kreide bzw. Smartboard
Sozialform	Klassenverband / Gruppenarbeit
Kompetenzbereich	Recherchieren, Tabellen erstellen, Fragen stellen, Mindmaps und Plakate erstellen, Talkrunde und Interviews vorbereiten, *Listen erstellen*

Hinführung

- Unterrichtsgespräch mit den **Fragen:**

> - *Seit wann können Menschen mit der Eisenbahn fahren?*
> - *In welchem Land wurde die erste Eisenbahn gebaut?*

Hauptphase

- Die Lehrkraft schreibt *Das Eisenbahnzeitalter* an die Tafel.
- Es werden **Gruppen** gebildet.
- Das **Arbeitsblatt wird ausgeteilt.**
- Die Schüler erarbeiten in **Gruppenarbeit** die Aufgaben des Arbeitsblattes.
- Die Schüler **recherchieren** und erstellen ein **Plakat.**

Ergebnissicherung

- Die **Gruppen** lesen die Fragen und die Antworten vor.
- Die Gruppen stellen ihre **Mindmaps** und **Plakate** vor.

Mögliche Anschlussaktivitäten

- Die Schüler klären die politischen Gegebenheiten in Europa zur Zeit des beginnenden Einsenbahnzeitalters.
- Die Schüler erstellen eine **Liste** mit Dingen, die früher aus Eisen waren und was heute noch aus Eisen gemacht wird.

Alternative

- Die Schüler **recherchieren** über den Bau des Eiffelturms, der auch aus Eisen besteht.

Name: Klasse: Datum:

Das Eisenbahnzeitalter beginnt

1. Lies diesen Text und beantworte die Fragen.
2. Erstelle eine Mindmap.

Am 7. Dezember 1835 gab es einen Kanonenschuss, bevor der erste Zug mit einer Dampflokomotive und 200 Fahrgästen in neun Minuten die 6 km lange Strecke von Nürnberg nach Fürth fuhr. Die Eisenbahn sorgte für einen wirtschaftlichen Aufschwung. 1838 wurde die Strecke Berlin – Potsdam eingeweiht und 1839 die 100 km lange Strecke zwischen Leipzig und Dresden, die über die Elbe in Dresden die Verbindung zur Nordsee schuf. Bereits 1850 gab es in Deutschland ein Eisenbahnnetz von 6.000 km Länge, 1871, dem Jahr der Reichsgründung hatte es sich mehr als verdreifacht (19.000 km) und zum Beginn des ersten Weltkriegs waren es fast 62.000 km. Auf den Bahnhöfen gab es nicht nur große Uhren, sondern auch Läden, Kioske und Bücherstände. An wichtigen Strecken entstanden zahlreiche Fabriken und Kleinstädte wuchsen schnell zu Eisenbahnknotenpunkten. Wohn- und Industriegebiete dehnten sich im Raum der Eisenbahn immer mehr aus. Es entstand der Pendelverkehr. Es gab Wagen der 1., 2. und 3. Klasse. In der 3. Klasse reisten die Fahrgäste in den ersten Jahren in offenen Wagen, ohne Sitzmöglichkeiten und ohne Schutz vor Wind und Regen. In England fuhr 1830 die erste Dampflokomotive von Liverpool nach Manchester. George Stephenson gilt als der Erbauer der ersten Eisenbahn.

Fragen

1. Wann fuhr in England die erste Eisenbahn?
2. Wann und wo fuhr in Deutschland die erste Eisenbahn?
3. Wer gilt als Erfinder der Eisenbahn?
4. Wie funktioniert eine Dampfmaschine?
5. Was veränderte sich mit der Eisenbahn?
6. Um wie viel Prozent ist das Schienennetz von 1835–1839 gewachsen?
7. Um wie viel Prozent ist das Schienennetz von 1850–1871 gewachsen?

Moderne Sklaverei während der industriellen Revolution

2. Lies den Text konzentriert durch. Erstelle einen Fragebogen zum Text mit den entsprechenden Antworten. Vergleiche mit der heutigen Zeit. Erstelle eine Tabelle.

Viele Arbeiter stehen mit ihren Kindern vor Sonnenaufgang auf und eilen zu den Fabriken, in denen sie bis zu 16 Stunden schuften müssen in schlechter Luft und beim starken Lärm der Maschinen. Die Kinder aus den Armenhäusern müssen bereits im Alter von 6 oder 7 Jahren bis zu 16 Stunden arbeiten und werden behandelt wie Sklaven. Sie erhalten viel zu wenig zu essen und oft nur ranzigen Speck, ungeschälte Rüben, fettige Brühen aus Resten vom Vortag. Abends suchen sie auf den Müllhalden nach Essbarem. Erst in den 1930er Jahren kommt es in England zur Reformierung der Fabrikarbeit. Das Gesetz von 1833 besagt, dass Kinder unter 9 Jahren nicht mehr in Textilfabriken arbeiten dürfen. Die Arbeitszeit für 9- bis 13-Jährige beschränkt sich auf 48 Wochenstunden, für 14- bis 18-Jährige auf 68 Wochenstunden.

© 2020 Cornelsen Verlag GmbH, Berlin. Alle Rechte vorbehalten.
Die Vervielfältigung dieser Seite ist für den eigenen Unterrichtsgebrauch gestattet. Für inhaltliche Veränderungen durch Dritte übernimmt der Verlag keine Verantwortung.

Erstellt von: Ursula Oppolzer

Harry Superman

Ziel / Leitidee	Die Schüler erhalten Informationen über Heinrich Heine und seine Zeit.
Klassenstufe	7 / 8 Deu / Rel
Vorbereitung / Material	1 Kopiervorlage in Klassenstärke / Tafel, Kreide oder Smartboard
Sozialform	Klassenverband / Gruppenarbeit
Kompetenzbereich	Konzentriertes Lesen, Informationen verknüpfen, Recherchieren, Tabellen erstellen, *Interviews, Talkrunden vorbereiten*

Hinführung

- Unterrichtsgespräch mit den **Fragen:**

  - *Welche berühmten Schriftsteller fallen euch ein?*
  - *Was wisst ihr über Heinrich Heine?*

Hauptphase

- Die Lehrkraft liest den Anfang des Gedichtes „Die Weber“ von Heinrich Heine vor.

„Die schlesischen Weber
Im düsteren Auge keine Träne
Sie sitzen am Webstuhl und fletschen die Zähne;
Deutschland, wir weben dein Leichentuch.
Wir weben hinein den dreifachen Fluch –
Wir weben, wir weben
Das Schiffchen fliegt, der Webstuhl kracht,

aus: Ursula Oppolzer (2013): Heinrich Heine. Schnell Verlag: Warendorf, S. 71

- Es wird geklärt, wann und warum dieses Gedicht geschrieben wurde.
- Es werden **Gruppen** gebildet und ein **Arbeitsblatt** wird ausgeteilt.

Ergebnissicherung

- Nach einer vorgegebenen Zeit **lesen** die Gruppen ihre Ergebnisse vor und vergleichen sie.

Mögliche Anschlussaktivitäten

- In Gruppenarbeit erarbeiten die Schüler **ein Interview** mit Heinrich Heine bzw. erarbeiten eine **Talkrunde** mit Heinrich Heine, Karl Marx und dem preußischen König.

Name: Klasse: Datum:

Peira – die erste Frau in Harrys Leben

1. Lies diesen Text und beantworte anschließend die unten stehenden Fragen.
2. Recherchiere und kläre die kursiv gedruckten Begriffe.
3. Schreibe die Informationen über das Leben und die Ernährung der Juden heraus. Recherchiere und ergänze die Informationen.

Guten Tag! Ich bin die Mutter des großen, berühmten Dichters Heinrich Heine und stamme aus der bedeutenden jüdischen Familie van Geldern, die über mehrere Generationen in Düsseldorf angesiedelt war. Sie kennen mich sicher unter dem Namen Betty. Mein Geburtsname ist Peira, aber es war mir zeitlebens wichtig, Betty genannt zu werden. Schließlich müssen wir Juden und vor allem wir jüdischen Geschäftsleute den „*Code civile*" nutzen und den Christen signalisieren, dass wir gesellschaftlich zu ihnen gehören möchten. Zur Zeit treten Begriffe wie Freiheit und Gleichheit immer mehr in den Vordergrund und die *Französische Revolution* von 1789 in Frankreich, der *Sturm auf die Bastille,* hat dazu geführt, dass auch in Deutschland der *Geist der Aufklärung* zu wehen beginnt. Es entsteht langsam eine bürgerliche Gesellschaft, für die Gleichheit ein hohes Gut darstellt. Wie gesagt, wir sind Juden und gehören damit zu einer Minderheit. Ich glaube in Düsseldorf zählt unsere jüdische Gemeinde etwa 300 Mitglieder, die ohne Rechte und nur geduldet sind. Allerdings haben wir noch Glück, denn wir müssen hier nicht wie in vielen anderen Städten in besonderen Wohnquartieren, in sogen. *Ghettos,* leben, aber wir müssen auch hier hohe Steuern und Abgaben bezahlen. Wir können auch für viel Geld einen fürstlichen *Schutzbrief* kaufen, um ein Heimatrecht zu erwerben, das jedoch jederzeit widerrufen werden kann. Wir sprechen eine eigene Sprache, das Deutschjüdisch, benutzen ein eigenes Alphabet und haben nach dem jüdischen Kalender eigene Festtage und besondere Speiseregeln. Von den Christen werden wir oft mit Argwohn betrachtet, ja manchmal sogar gehasst und verfolgt.

aus: Ursula Oppolzer (2013): Heinrich Heine. Schnell Verlag: Warendorf, S. 15

Fragen

a) Wann war die Französische Revolution?
b) In welcher Stadt wurde Heinrich Heine geboren?
c) Warum heißt die Mutter Heines eigentlich Peira und nicht Betty?
d) Warum haben die Heines Glück, dass sie in Düsseldorf leben anstatt in einer anderen Stadt?
e) Wie können die Juden das Heimatrecht erwerben?
f) Welche Speiseregeln gelten für die Juden?
g) Was ist bei den Juden anders als bei den Christen?

© 2020 Cornelsen Verlag GmbH, Berlin. Alle Rechte vorbehalten.
Die Vervielfältigung dieser Seite ist für den eigenen Unterrichtsgebrauch gestattet. Für inhaltliche Veränderungen durch Dritte übernimmt der Verlag keine Verantwortung.

Erstellt von: Ursula Oppolzer

A Highwaywoman

26

Ziel / Leitidee	Die Schüler erweitern ihren englischen Wortschatz und lernen die richtige Schreibweise bestimmter Vokabeln.
Klassenstufe	7 / 8 En, Ge, Deu, Ek
Vorbereitung / Material	1 Kopiervorlage in Klassenstärke / Englisches Wörterbuch
Sozialform	Klassenverband / Partnerarbeit
Kompetenzbereich	Konzentriertes Lesen, Fragen beantworten, Recherchieren, Tabellen erstellen, Bilder malen

Hinführung

- Unterrichtsgespräch mit den **Fragen:**

> - *Was wisst ihr über Großbritannien?*
> - *Welche berühmten Bauwerke stehen in London?*
> - *Was ist „A Highwaywoman"?*

Hauptphase

- Die Lehrkraft schreibt *A Highwaywoman* an die Tafel.
- Das **Arbeitsblatt wird ausgeteilt.**
- Die Schüler erarbeiten in **Partnerarbeit** die Aufgaben des Arbeitsblattes.
- Die Schüler erstellen eine **Vokabelliste** mit neuen Wörtern.

Ergebnissicherung

- Die Schüler **lesen** den Text und die Ergebnisse der Aufgaben vor.
- Die Schüler klären im Klassenverband die **Bedeutung der neuen Vokabeln** im Text.

Lösung

> **A Highwaywoman:**
> 2. men's clothes = Männerkleidung 3. she picked the pockets of people = sie nahm den Leuten die Taschen weg / the busy streets = die geschäftigen Straßen 4. to smoke = rauchen 5. fifteen = fünfzehn 6. she was riding = sie ritt / was robbing travellers = beraubte Reisende 7. soon = bald 8. stolen goods = gestohlene Waren 9. owners = Besitzer / stolen belongings = gestohlene Gegenstände 10. dressed = gekleidet / was arrested = wurde verhaftet / blowing a trumpet = eine Trompete blasend / a flag = eine Fahne 11. punishment = Bestrafung / to kneel = knien / white = weiß / sins = Sünden 12. escaped = floh/entkam / crimes = Verbrechen / ripe = reif

Name: Klasse: Datum:

A Highwaywoman

1. Lies diesen Text und setze die richtigen Wörter in die Lücken.

1. Mary Frith, called Moll Cutpurse, was a highwaywoman.
2. When she was ten years old, she began wearing ....
3. .... as they walked along .... of London.
4. She learned .... a pipe.
5. When she was ...., she became a highwaywoman.
6. .... her horse out of the city and ....
7. Moll Cutpurse .... became rich and lived in a large house.
8. She opened a shop, where she sold her ....
9. She gave the .... the first chance of buying back their own ....
10. When she was twenty, she .... for galloping down Fleet Street dressed in men's clothes, ... and waving ....
11. As a .... she had .... at St. Paul's Cross, wearing a .... sheet to show that she was sorry for her ....
12. Moll Cutpurse .... being hanged for her many .... and lived to the .... old age of seventy-five.

punishment = Bestrafung / to kneel = knien / the busy streets = die geschäftigen Straßen / to smoke = rauchen / fifteen = fünfzehn / she was riding = sie ritt / was robbing travellers = beraubte Reisende / soon = bald / stolen goods = gestohlene Waren / owners = Besitzer / stolen belongings = gestohlene Gegenstände / ripe = reif / was arrested = wurde verhaftet / blowing a trumpet = eine Trompete blasend / a flag = eine Fahne / white = weiß / sins = Sünden / escaped = floh/entkam / crimes = Verbrechen / m en's clothes = Männerkleidung / she picked the pockets of people = sie nahm den Leuten die Taschen weg / dressed = gekleidet

2. Stelle Fragen, bei denen die folgenden Begriffe die Antworten ergeben.

a) men's clothes b) the busy streets of London c) stolen goods d) sins e) fifteen f) a white sheet g) a trumpet h) crimes i) punishment j) seventy-five

3. Recherchiere im Internet und kläre die folgenden Fragen schriftlich.

1. Wenn Moll im 19. Jahrhundert gelebt hat, wer regierte dann in England (in Deutschland)?
2. Gab es Autos auf dem Highway?
3. Wer war Oliver Twist?
4. Wie lebten arme Kinder in England zur Zeit von Oliver Twist?
5. Gingen alle Kinder in Deutschland zu dieser Zeit in eine Schule?

© 2020 Cornelsen Verlag GmbH, Berlin. Alle Rechte vorbehalten.
Die Vervielfältigung dieser Seite ist für den eigenen Unterrichtsgebrauch gestattet. Für inhaltliche Veränderungen durch Dritte übernimmt der Verlag keine Verantwortung.

Erstellt von: Ursula Oppolzer

Zucker – eine süße Droge

27

Ziel / Leitidee	Die Schüler erhalten viele Informationen über Zucker und die Auswirkungen, die der hohe Zuckerkonsum auf die Gesundheit hat.
Klassenstufe	7 / 8 Bio / Ge / EK / Ma
Vorbereitung / Material	3 Kopiervorlagen in Klassenstärke / Tafel, Kreide oder Smartboard
Sozialform	Einzelarbeit / Gruppenarbeit
Kompetenzbereich	Brainstorming, Konzentriertes Lesen, Informationen verknüpfen und zuordnen, Fragen stellen, Mindmaps erstellen, Begriffe klären, Skizzen, *Diagramme* zeichnen, Recherchieren

Hinführung

- Mündliches **Brainstorming** im Klassenverband zum Thema „Zucker".

Hauptphase

- Die Lehrkraft schreibt das Thema *Zucker – eine süße Gefahr* in die Mitte der Tafel.
- Die Ergebnisse des Brainstormings werden an der Tafel und in den Mappen notiert.
- Die Schüler beginnen, mit den Informationen **Mindmaps** zu erstellen.
- Es werden **Gruppen** gebildet.
- Die **Arbeitsblätter werden ausgeteilt** und die Aufgaben bearbeitet.
- Die **Gruppen recherchieren.**
- Die Schüler vervollständigen ihre angefangenen **Mindmaps.**

Ergebnissicherung

- Nach einer vorgegebenen Zeit **lesen** die Gruppen ihre Ergebnisse vor und vergleichen.

Mögliche Anschlussaktivitäten

- Die Schüler erstellen **Diagramme** zum Zuckerkonsum.
- Die Schüler klären die politischen Gegebenheiten Mitte des 18. Jahrhunderts in Europa.

Zucker-Info Zucker macht schlaff, antriebslos, müde, konzentrationslos, depressiv und krank. Laut Robert Koch-Institut sind 67 % der Männer und 53 % der Frauen in Deutschland übergewichtig, bringen 20 % der deutschen Kinder und Jugendlichen zu viel auf die Waage und tritt Altersdiabetes (Diabetes Typ 2) immer häufiger bei Kindern auf.

Name: Klasse: Datum:

Zuckerproduktion in allen grünen Pflanzen

Lies diesen Text und fülle die Lücken.

Tipp Im unteren Kasten findest du die fehlenden Begriffe.

Alle grünen Pflanzen produzieren mithilfe der ...., des Wassers aus dem Boden, des .... aus der Luft und aufgrund der Anwesenheit von .... Traubenzucker. Dieser Vorgang, bei dem die Pflanze für die Bereitstellung der Energie sorgt, die sie braucht, heißt Fotosynthese. Im 2. Schritt der .... wird aus Hexose das Kohlenhydrat Saccharose hergestellt. Die Reaktion von Kohlenstoffdioxid und „aktivem Wasserstoff" zu .... ist nicht auf Sonnenlicht angewiesen und erfolgt in der sogenannten ....
Die Saccharose wird entweder zu den Stellen der Pflanze transportiert, die im Moment Energie benötigen, z. B. die ...., oder die Saccharose wird zu den Speicherorganen befördert. In den Speicherzellen können aus der Saccharose andere Kohlenhydrate aufgebaut werden. Im Getreide und in den .... entsteht Stärke. Auch die ...., der Gerüstbaustoff der Pflanzen, entsteht aus Saccharose. Einige Pflanzen wie z. B. die .... und das Zuckerrohr speichern die .... direkt.
Die Zuckerrübe besteht zu etwa 1 / 5 bis zu 1 / 4 aus Zucker, während das .... einen Zuckergehalt von 12–20 % aufweist.

Sonnenenergie – Kohlendioxids – Chlorophyll – Kohlendioxid – Hexose – Sauerstoff – Fotosynthese – Dunkelreaktion – Wachstumszonen – Kartoffelknollen – Zellulose – Zuckerrrübe – Saccharose – Zuckerrohr

Zuckersorten

4. Ordne die Zuckersorten den richtigen Beschreibungen zu.

a) Zucker in unterschiedlichen Körnungen (grob, mittel, fein), der aus sehr reinen Zuckerlösungen gewonnen wird und auch das Ausgangsprodukt für andere Zuckersorten ist	Würfelzucker
b) Durch Erhitzen des hellen Zuckersirups verändert sich die Farbe und es entstehen Karamel- und Bräunungsstoffe	Gelierzucker
c) Zucker, der besonders fein gemahlener Raffinadezucker ist	Raffinadezucker
d) Raffinade, die angefeuchtet, in Formen gepresst und anschließend getrocknet wurde	brauner Zucker
e) Raffinadezucker, der zusätzlich reines Pektin (ein Stoff aus der Zellwand von Früchten) und Zitronensäure oder Weissäure enthält	Puderzucker

© 2020 Cornelsen Verlag GmbH, Berlin. Alle Rechte vorbehalten.
Die Vervielfältigung dieser Seite ist für den eigenen Unterrichtsgebrauch gestattet. Für inhaltliche Veränderungen durch Dritte übernimmt der Verlag keine Verantwortung.

Erstellt von: Ursula Oppolzer

Name: Klasse: Datum:

Geschichte des Zuckers

1. Lies diesen Text und erstelle einen Fragebogen.
2. Zeichne eine Skizze mit dem Weg, den der Zucker im Laufe der Geschichte genommen hat.
3. Kläre die Begriffe, die im Text kursiv gedruckt sind, schriftlich. Recherchiere!

Zuckerrohr war bereits 6000 v. Chr. in Ostasien bekannt und kam von dort nach Indien und *Persien.* Die Perser konnten um 600 n. Chr. gereinigten Kristallzucker herstellen in Form eines *Zuckerhutes.* Die Araber brachten den Zuckerrohranbau 750 n. Chr. nach Spanien und 960 n. Chr. nach *Sizilien* und damit in den Mittelmeerraum. Erst 1100 n. Chr. wurde der Zucker durch die *Kreuzzüge* in Mitteleuropa bekannt. *Christoph Kolumbus* nahm 1493 auf seiner Reise in die „Neue Welt" Zuckerrohrpflanzen mit und begründete damit für die nächsten 300 Jahre das größte Weltzuckerzentrum in der *Karibik.* Bis zum Anfang des 19. Jahrhunderts konnten sich nur Reiche Zucker leisten. Die Oberschicht zuckerte nicht nur Kuchen, sondern auch Fleisch, Fisch und Eier. Es gab kandierte Früchte und mit Zuckerguss überzogene Speisen. Die Armen süßten wie bereits im Mittelalter mit Honig. Erst zur Regierungszeit *Friedrich des Großen* (1740–1786) wurden einheimische Pflanzen auf ihren Zuckergehalt überprüft und 1747 gelang es, aus der Runkelrübe einen Zucker zu gewinnen, der genauso gut war wie der aus dem Zuckerrohr. 1801 entstand die erste Rübenzuckerfabrik der Welt. Als Napoleon 1806 die *Kontinentalsperre* gegen Großbritannien verhängte und britische Schiffe die Häfen Preußens nicht mehr anlaufen durften, kam kein Rohrzucker mehr ins Land und die *Rübenzuckergewinnung* gewann immer mehr an Bedeutung. Nun konnten sich bald alle Schichten der Bevölkerung Zucker leisten und der Zuckerkonsum stieg immer weiter an.

Zuckerverbrauch

4. 1 Stück Würfelzucker wiegt 3 g. Wie viele Würfelzucker wären das 2013/14 für jeden einzelnen Deutschen, ob Baby, Kind, Jugendlicher oder Erwachsener in einem Jahr? Wie groß wäre ein Quader, gebildet aus den Würfelzuckerstücken?
5. Um wie viel Prozent stieg der Zuckerverbrauch von a) 1850–1900 und b) 1850 bis heute?

Der Zuckerverbrauch in Deutschland ist seit den 1970er Jahren nahezu konstant. Immer mehr Zucker dient der Nahrungsmittelindustrie (über 88 %), während der Haushaltszuckeranteil (12 %) immer mehr abnimmt. Süßwarenindustrie und Hersteller von Erfrischungsgetränken sind die Spitzenreiter im Zuckerverbrauch.

Pro-Kopf-Verbrauch pro Jahr (2014/15)		Pro-Kopf-Verbrauch in Deutschland	
Kuba	72,5 kg	2005	37,4 kg
Australien	59,2 kg	2010	35,2 kg
USA	33,9 kg	2013	32,1 kg
Norwegen	25,8 kg		
China	12,2 kg		

(vgl. Internetseite der Wirtschaftlichen Vereinigung Zucker e.V.)

© 2020 Cornelsen Verlag GmbH, Berlin. Alle Rechte vorbehalten.
Die Vervielfältigung dieser Seite ist für den eigenen Unterrichtsgebrauch gestattet. Für inhaltliche Veränderungen durch Dritte übernimmt der Verlag keine Verantwortung.

Erstellt von: Ursula Oppolzer

Name: Klasse: Datum:

Zucker überall

1. Rechne aus, wie viel Gramm Zucker in 250 g der genannten Lebensmittel enthalten sind.

1 Liter Cola	*37 Würfelzucker*	100 g Gummibärchen	*17 Würfelzucker*
1 Liter Fanta	40	250 g Leberwurst	3
1 Liter Traubensaft	24	650 g Rotkohl	26
50 g Jogurtdressing	2	200 g Heringssalat	5
100 g Nutella	7	100 g Tomatenketchup	11
30 g Cornflakes	4	100 g Vollmilchschokolade	19
100 g Krautsalat	4	100 g Fleischsalat	2

Getarnter Zucker

2. Schreibe die Zuckernamen, die oft auf Verpackungen abgedruckt und nicht direkt als Zucker erkennbar sind, auf und kläre, um was es sich jeweils handelt. Recherchiere!

3. Der Zuckerverbrauch weltweit 2013/14 betrug 167,5 Mio. t. Wie hoch würde ein „Zuckerhut“, d. h. ein Zuckerkegel mit einem Durchmesser von 800 km (Strecke München – Hamburg Luftlinie 800 km) werden? 1 kg Zucker passt in einen Quader 9 cm x 6 cm x 15 cm (Kegelberechnung: r^2 Pi x h).

Tipp Gönne dir für die Hausaufgaben ein Kaugummi und verzichte auf das Knabbern von Süßigkeiten. Kaugummikauen fördert deine Konzentration und Merkfähigkeit, und zwar ohne Kalorien.

Lösungen

Zuckerproduktion: 1. *Sonnenenergie – Kohlendioxids – Chlorophyll – Kohlendioxid – Hexose – Sauerstoff Fotosynthese – Dunkelreaktion – Wachstumszonen – Kartoffelnknollen – Zellulose – Zuckerrrübe – Saccharose – Zuckerrohr 2. Glucose – Dextrose – Fructose = Fruchtzucker – Saccharose – Lactose Maltose = Malzzucker – Maltodextrin – Süßmolke – Invertzucker – Hefeextrakt – Glucosesirup*

Zuckerverbrauch: 4. *Deutschland: 10.700 Stück Würfelzucker – Größe des Quaders: 16.050 cm lang = 160,50 m*

5. *China verbraucht 83,2 % weniger Zucker als Kuba und 43,2 % weniger als Norwegen*

Zucker überall: *250 g Cola: 28 g/Fanta 30 g/Trabensaft 18 g/Jogurtdressing 30 g/Nutella 52,5 g/Cornflakes 100 g/Fleischsalat 15 g/Gummibärchen 127,5 g/Leberwurst 9 g/Rotkohl 30 g/Heringssalat 18,75 g/Tomatenketchup 82,5 g/Vollmilchschokolade 142,5 g/Krautsalat 30 g*

Zuckereigenschaften: *süß, wasserlöslich, konservierend, vitaminerhaltend, geruchsverstärkend, geschmacksverstärkend, duftstoffaktivierend, farberhaltend, aromastofferhaltend, gärungsfördernd, heilend, insulinproduzierend/6. Kegelhöhe 108 m*

© 2020 Cornelsen Verlag GmbH, Berlin. Alle Rechte vorbehalten.
Die Vervielfältigung dieser Seite ist für den eigenen Unterrichtsgebrauch gestattet. Für inhaltliche Veränderungen durch Dritte übernimmt der Verlag keine Verantwortung.

Erstellt von: Ursula Oppolzer

Richtige und falsche Behauptungen

Ziel / Leitidee	Die Schüler rufen vorhandenes Wissen ab, erkennen Zusammenhänge und folgern, welche Behauptungen richtig und falsch sind.
Klassenstufe	7 / 8 Ge / Pol / Deu / Bio / Ku / Mu
Vorbereitung / Material	1 Kopiervorlage in Klassenstärke
Sozialform	Partnerarbeit oder Gruppenarbeit
Kompetenzbereich	Informationen verknüpfen, logische Zusammenhänge herstellen, Recherchieren, Lebensläufe erstellen

Hinführung

- Unterrichtsgespräch mit einer **Scherzfrage:**

  - *Welche Behauptung ist immer falsch? (Lösung: Perücke)*

Hauptphase

- Es werden **Gruppen** gebildet.
- Das **Arbeitsblatt wird ausgeteilt.**
- Jede Gruppe **recherchiert** 7 Behauptungen, klärt, ob sie richtig sind und schreibt 5–7 Zusatzinformationen auf ein Blatt Papier.

Ergebnissicherung

- Die **Gruppen lesen** ihre Rechercheergebnisse vor und legen ihre Blätter offen auf den Tischen aus.
- Die Schüler **gehen von Tisch zu Tisch,** ergänzen ihre Ergebnisse

Mögliche Anschlussaktivitäten

- Die **Gruppen recherchieren** und erstellen einen **Lebenslauf** eines genannten Wissenschaftlers, Künstlers oder Politikers.
- Die Schüler **ordnen** die Persönlichkeiten **nach ihren Lebensdaten** und finden jeweils mindestens eine berühmte Persönlichkeit, die gleichzeitig gelebt hat.

Lösung

Richtig oder falsch?

1. r – 2. r – 3. r – 4. r – 5. f (Nadelbäume nicht) – 6. r – 7. r – 8. r – 9. r – 10. f – 11. r – 12. r – 13. f (Exponat) – 14. f (Wildschwein) – 15. r – 16. f (Hameln) – 17. r – 18. f (Flughunde gehören zu den Fledermäusen) – 19. r – 20. f (1880) – 21. r – 22. r – 23. r – 24. f – 25. r (es gibt auch nützliche Bakterien, z. B. im Darm) – 26. r – 27. f (Koje)

Name: Klasse: Datum:

Richtig oder falsch?

Behauptung	richtig	falsch
1. Unsere Sonne wird am Ende ihres Sternenlebens in rund 5 Mrd. Jahren als weißer Zwerg enden.		
2. Vögel bekommen auf Hochspannungsleitungen keinen Stromschlag.		
3. Der Mond sieht über dem Horizont größer aus als hoch oben am Himmel.		
4. Der blaue Montag hat mit dem Färberhandwerk zu tun.		
5. Alle Bäume verlieren im Winter ihre Blätter.		
6. Flechten bestehen aus zwei Pflanzen.		
7. Alle Haare auf deinem Kopf wachsen zusammen etwa 10–12 km / Jahr.		
8. Cornflakes enthalten so viel Eisen, dass sie magnetisch wirken können.		
9. Ein Latte Macchiato hält länger wach als ein Espresso.		
10. Der Magen knurrt ab und zu, wenn du Hunger hast.		
11. Die Ziege war das erste Haustier des Menschen.		
12. Ein Flug von Frankfurt nach New York dauert immer länger als ein Flug von New York nach Frankfurt.		
13. Ein Ausstellungsstück im Museum nennt man Exparat.		
14. Schwarzkittel nennt man den Teufel.		
15. Eine Zitrone kann im Wasser schwimmen, da sie einen Rettungsring hat.		
16. Die Geschichte vom Rattenfänger spielt in Bremen.		
17. Es gibt metallfressende Pflanzen.		
18. Es gibt fliegende Hunde mit vier Beinen.		
19. Einen Regenbogen sieht man mit dem Rücken zur Sonne.		
20. Cola gibt es seit 1950.		
21. Es gibt heiße Suppen in Dosen, ohne dass man den Herd benutzen muss.		
22. Es gibt ein Parfum vom Hirsch.		
23. Ein Brötchen kostete einmal 100 Mark.		
24. Es gibt nur schädliche Bakterien.		
25. Die Antibaby-Pille gibt es seit 1960.		
26. Ein von der Düssel gebildeter Taleinschnitt heißt Neandertal.		
27. Ein Matrosenbett heißt Kobel.		

© 2020 Cornelsen Verlag GmbH, Berlin. Alle Rechte vorbehalten.
Die Vervielfältigung dieser Seite ist für den eigenen Unterrichtsgebrauch gestattet. Für inhaltliche Veränderungen durch Dritte übernimmt der Verlag keine Verantwortung.

Erstellt von: Ursula Oppolzer

Internationale Deutschstunde

29

Ziel / Leitidee	Die Schüler erweitern ihren Wortschatz und können viele Fremdwörter erklären.
Klassenstufe	7 / 8 Ge / Pol / Deu / Bio / Ku / Mu
Vorbereitung / Material	2 Kopiervorlagen in Klassenstärke / Tafel, Kreide bzw. Smartboard
Sozialform	Partnerarbeit oder Gruppenarbeit, Einzelarbeit
Kompetenzbereich	Informationen verknüpfen, logische Zusammenhänge herstellen, Tabellen erstellen, Recherchieren

Hinführung

- Unterrichtsgespräch mit der **Frage:**

> - *Kennt ihr Wörter, die wir im Alltag nutzen und die ursprünglich aus anderen Sprachen kommen?*

Hauptphase

- Die Lehrkraft schreibt das Thema *Internationale Deutschstunde* an die Tafel.
- Das **Arbeitsblatt wird ausgeteilt.**
- Die Schüler bearbeiten die Aufgaben in **Partnerarbeit** und die 3. Aufgabe in Einzelarbeit.

Ergebnissicherung

- Die Schüler **lesen** die Ergebnisse der Aufgaben vor.

Mögliche Anschlussaktivitäten

- Die Schüler erstellen eine **Tabelle** mit Unterrichtsfächern und ordnen die Begriffe entsprechend zu.

Alternative

- Die Schüler sortieren die Fremdwörter nach ihren Endungen und erstellen eine **Tabelle.**

Aktivierungsübungen

- Die Schüler nennen möglichst schnell Begriffe zu einem bestimmten Thema von A–Z.
- Die Schüler nennen möglichst schnell Dinge, die kleiner sind als eine Hand, von A–Z.
- Die Schüler nennen möglichst schnell Dinge, die größer sind als ein Auto, von A–Z.

Name: Klasse: Datum:

Alles international

Alles Französisch

1. Ordne die Begriffe den entsprechenden Spalten zu und schreibe sie mit der linken Hand ab wenn du Rechtshänder bist).

2. Kläre die Bedeutung der Wörter. Recherchiere!

Chaussee, Bordeaux, Niveau, Ragout, Champagner, Champignon, Portemonnaie, Trottoir, Reservoir, Souvenir, Chauffeur, Chef, Cousin, Bulletin, Bravour, Souterrain, Souffleuse, Taxi, Trikot, Visier, Revanche, retour, Frisur, Bonbon, Deserteur, Design, Diner, Foyer, Fraktion, Gendarm, Leutnant, Liaison, loyal, Milieu, Manieren, Necessaire, partout, pardon, Repertoire, Toilette

Ai	Ou	Oi	Eau	Übrig

Alles Italienisch

3. Diese Wörter wurden aus dem Italienischen übernommen. Recherchiere und kläre die Beutung.

Skizze, Spagat, Rakete, Pizza, Manege, Sopran, Espresso, Fata Morgana, Fiasko, Fresko, Getto, Graffitti Kantine, Karussel, Konto, Lava, Makkaroni, Piano, Tombola, Lametta

Expedition und Multiplikation

4. Ergänze die fehlenden Buchstaben und versuche diese Fremdwörter zu erklären.

Tr....tion Ko....tion Mu....tion Exp....tion Demon....tion Men....tion Fil....tion Mult....tion Sub....tion A....tion Fr....tion Frus....tion K....tion Modi....tion Mutation Po....tion Konst....tion Legi....tion Kom....kation Tran....tion St....tion Fo....tion N....tion O....tion Quali....tion Re....tion A....tion Sa....tion L....tion

Alles Englisch

5. Diese deutschen Wörter haben die Engländer in ihren Wortschatz aufgenommen. Ordne sie in eine Tabelle unter die folgenden Kategorien

Rucksack – Pumpernickel – Sauerkraut – Zeitgeist – Zink – Schnaps – Kaffeeklatsch – Bretzel – Blitzkrieg – Festschrift – Kitsch – Götterdämmerung – Wanderer – Weltschmerz –Leitmotiv – Kindergarten – Volkswagen

(aus: Wolfgang Seidel [2006]: Woher kommt das schwarze Schaf? dtv: München, S. 88)

Lösungen

Alles international: *4. Tradition, Koalition, Munition, Expedition, Demonstration, Menstruation, Filtration, Multiplikation, Subtraktion, Addition, Fraktion, Frustration, Kaution, Modifikation, Mutation, Erektion, Position, Konstellation, Legimitation, Kommunikation, Transaktion, Station, Formation, Nation, Option, Qualifikation, Redaktion, Auktion, Sanktion, Lotion*

© 2020 Cornelsen Verlag GmbH, Berlin. Alle Rechte vorbehalten.
Die Vervielfältigung dieser Seite ist für den eigenen Unterrichtsgebrauch gestattet. Für inhaltliche Veränderungen durch Dritte übernimmt der Verlag keine Verantwortung.

Erstellt von: Ursula Oppolzer

Name: Klasse: Datum:

Blindgänger, Chaos und Co.

1. *Jeweils unter vier Fremdwörtern hat sich ein Blindgänger hineingeschmuggelt, der dort nicht hingehört. Finde diese Blindgänger so schnell wie möglich, schreibe sie heraus und kläre die Bedeutung. Beispiel: Magnolien, Champignon, Spaziergang, Champagner*

Fremdwörter	Blindgänger	Bedeutung
Taxi, Mixer, Praxis, Maxi		
Handy, Baby, Rowdy, Lady		
Couch, Cousin, Coach, Clou		
Taiga, Bonsai, Taifun, Taille		
Nuance, Jaguar, Janus, Tuareg		
Konfekt, Objekt, Subjekt, Projekt		
Revier, Brevier, Privatier, Klavier		

Lösungen

Blindgänger, Chaos und Co.: *1. Mixer, Baby, Coach, Bonsai, Janus, Konfekt, Privatier*

2. *Ordne diese durcheinandergeratenen Wörter in 3 Spalten und kläre die Bedeutungen.*

Ch	Ch	C

Christa, Sachsen, Cafe, Camenbert, Chronik, Achse, Camping, Canasta, Echse, Chor, Chrom, Dachs, Wachs, Curry, Creme, Cousin, Chromosom, Fuchs, Chronologie, Christ, Cholera, Cowboy, Couch, Lachs, Chlorophyll, Chamäleon, Wechsel, Ochse, Courage, Copyright, Computer, Charakter, Chrysanthemen, Clown , Cockpit, Clou, Clique, Cocktail, Currywurst, Croissant, Cornflakes, Coladose, Cordhose

3. *Ordne diese Wörter nach dem Alphabet von A–Z und kläre ihre Bedeutung.*

Portugiesisch: Veranda, Marmelade, Ananas
Russisch: Kolchose, Schaschlik, Steppe, Türkisch: Jogurt, Kiosk, Pascha
Tschechisch: Pistole, Polka, Roboter
Spanisch: Tempo, Kannibale
Ungarisch: Paprika, Gulasch, Kutsche, Pussta
Indianisch: Jaguar, Palisander, Pampa, Piranha, Poncho, Puma, Tabak, Tapir, Avocado
Japanisch: Tofu, Judo, Karate Kimono, Mikado, Rikscha, Futon, Bonsai
Hebräisch: Pharisäer, Balsam, Kibbuz

© 2020 Cornelsen Verlag GmbH, Berlin. Alle Rechte vorbehalten.
Die Vervielfältigung dieser Seite ist für den eigenen Unterrichtsgebrauch gestattet. Für inhaltliche Veränderungen durch Dritte übernimmt der Verlag keine Verantwortung.

Erstellt von: Ursula Oppolzer

30 Robinson Crusoe

Ziel / Leitidee	Die Schüler erhalten Informationen über de Geschichte „Robinson Crusoe" und über den Autor und seine Zeit.
Klassenstufe	9 / 10 Deu, Ge, Bio, Ek
Vorbereitung / Material	1 Kopiervorlage in Klassenstärke / Tafel, Kreide oder Smartboard
Sozialform	Klassenverband / Partnerarbeit
Kompetenzbereich	Recherchieren, Fragen stellen, Erklärungen bzw. Zeitungsartikel schreiben und vortragen, Tabellen, Mindmaps erstellen

Hinführung

- Unterrichtsgespräch mit den **Fragen:**

> - *Wer war Robinson Crusoe und wo hat er gelebt?*
> - *Wen hat er in seiner Einsamkeit getroffen?*

Hauptphase

- Die Lehrkraft schreibt *Robinson Crusoe* an die Tafel und liest den Anfang der Geschichte vor.

> *„Eines Tages, da ich gegen Mittag zu meinem Boot ging, gewahrte ich zu meiner größten Bestürzung am Strand den Abdruck eines nackten menschlichen Fußes, der im Sand ganz deutlich zu sehen war. Ich stand da wie vom Donner gerührt, oder als hätte ich ein Gespenst gesehen; ich horchte, ich blickte um mich, aber es war nichts zu hören, noch zu sehen."*
>
> *Daniel Defoe (1719): Robinson Crusoe*

- Die Schüler erzählen im **Klassenverband** die Geschichte weiter.
- Das **Arbeitsblatt wird ausgeteilt.**
- Die Schüler bearbeiten die Aufgaben des Arbeitsblattes in **Partnerarbeit.**

Ergebnissicherung

- Die Schüler **lesen** ihre Ergebnisse vor.

Mögliche Anschlussaktivitäten

- Die Schüler **diskutieren im Klassenverband,** was Robinson versucht hat, um von der Insel wieder wegzukommen.
- Die Schüler klären im **Klassenverband**, was Robinson Crusoe und der Autor Daniel Defoe gemeinsam haben.

Name: Klasse: Datum:

Daniel Defoe

Die Geschichte „Robinson Crusoe“ von Daniel Defoe mit dem Titel “The Life and strange surprizing adventures of Robinson Crusoe“ erschien im Jahr 1719. Defoe hatte die Berichte über den schottischen Seemann Alexander Selkirk gelesen und schilderte nun das Schicksal eines auf sich selbst gestellten Menschen auf einer einsamen Insel, wo er das Leben meistert.

1. Lies diesen Text und recherchiere die fett gesetzten Begriffe.
2. Erstelle Fragen. Die kursiv gedruckten Wörter sind die Antworten.

Hallo, ich bin Daniel.
Vor 300 Jahren erschien mein weltberühmt gewordener Roman über Robinson Crusoe, den sogar ihr fast alle gelesen oder zumindest davon gehört habt. Ich dachte zunächst überhaupt nicht ans Schreiben, sondern war ein erfolgloser Kaufmann, arbeitete mich als Fabrikant wieder hoch, wurde *politischer **Propagandist*** und ***Regierungsberater,*** verfasste zahllose Flugschriften und wurde zum **populärsten** Journalisten Englands. Dann musste ich ins Gefängnis und machte wieder einmal **Bankrott** und gründete, als ich wieder herauskam, eine der ersten Wochenzeitungen, und wurde schließlich ein erfolgreicher Schriftsteller. Wie ihr an meinem Lebenslauf sehen könnt, war ich ständig rastlos und auch maßlos, ein blendender Schauspieler und Menschendurchschauer und nutzte meine Fähigkeiten. Freunde konnte ich auf diese Weise nicht gewinnen, bzw. sie zogen sich bald wieder von mir zurück, und so war ich im Grunde ziemlich einsam. Die Geschichte von Robinson ist quasi ein Gleichnis für mein eigenes Leben. Auch ich fühlte mich wie auf einer einsamen Insel und kämpfte täglich mit vielen Widrigkeiten des Alltags. Ich war ein einsames Individuum und führte einen siegreichen Kampf mit der feindlichen Umwelt, einer ***bürgerlich-puritanischen*** *Welt.* Aus der Reue über ein verfehltes Leben wurde allmählich der Trost der göttlichen Vorsehung, die mich vor einem noch elenderen Schicksal bewahrt hat. Meine immer wiederkehrenden materiellen Verluste, wurden zu einem geistigen Gewinn, der am Ende sogar wieder zu Wohlstand führte. Mein Leben war der beispielhafte Ausdruck der ***Modernisierung*** *der englischen Gesellschaft,* die England um 1700 nach einem Jahrhundert der ***Religions-und Bürgerkriege*** erfasste und dem Kontinentaleuropa damit sehr weit voraus war. In dieser Zeit entstanden viele wichtige *Institutionen,* die das gesellschaftliche Leben bis in euer Jahrhundert bestimmen: ***Zentralbank,*** Papiergeld, **Börse,** Kreditwesen, Versicherungen, freier Handel. Die ***„Glorreiche Revolution“*** von 1688/89 hatte in England die Vorherrschaft der ***Protestanten*** über die Katholiken besiegelt und damit die Machtbefugnisse der Monarchie begrenzt. Mit der ***Deklaration der „Bill of Rights“*** war die Basis für eine ***verfassungsmäßige Gewaltenteilung*** der entstehenden bürgerlichen Gesellschaft gelegt. Es wurde zwar noch keine ***parlamentarische Regierungsform*** im heutigen Sinne geschaffen, jedoch die Macht zwischen ***Monarchie,*** Staatskirche, adligen Grundherren und *großbürgerlichen Handels-* und Finanzherren verteilt. Im Laufe des 18. Jahrhunderts drängte auch das niedere ***Bürgertum*** immer mehr zur politischen Macht.

© 2020 Cornelsen Verlag GmbH, Berlin. Alle Rechte vorbehalten.
Die Vervielfältigung dieser Seite ist für den eigenen Unterrichtsgebrauch gestattet. Für inhaltliche Veränderungen durch Dritte übernimmt der Verlag keine Verantwortung.

Erstellt von: Ursula Oppolzer

31 Die 1950er Jahre

Ziel / Leitidee	Die Schüler erfahren etwas über das Leben der Menschen in den 1950er Jahren, über Neuheiten im Alltag, Entdeckungen der Wissenschaft und über geschichtliche Ereignisse.
Klassenstufe	9 / 10 Deu / Ge / Pol
Vorbereitung / Material	3 Kopiervorlagen in Klassenstärke / Tafel, Kreide
Sozialform	Klassenverband / Einzelarbeit / Gruppenarbeit
Kompetenzbereich	Informationen verknüpfen, Interviews vorbereiten, Zusammenhänge herstellen, Recherchieren, Talkshow vorbereiten, Zeitungsartikel schreiben, *Zeittabellen erstellen, Radiosendung vorbereiten*

Hinführung

- Unterrichtsgespräch nach einem **Brainstorming zum Thema „1950er Jahre"**

Hauptphase

- Die Schüler nennen im **Klassenverband** zu möglichst vielen Buchstaben des Alphabetes ein Schlagwort, das die 1950er Jahre deutlich macht.
- Das **Arbeitsblatt** wird ausgeteilt.
- Es werden **Gruppen** gebildet.
- Die Gruppen **recherchieren** die 23 Neuheiten der 1950er Jahre und bereiten eine **„Talkshow"** vor.

Ergebnissicherung

- Die Schüler nennen die 23 Neuheiten der 1950er Jahre.
- Die Schüler lesen nacheinander die Sätze des Lückentextes vor und korrigieren eventuell Fehler.
- Die Gruppen präsentieren ihre gemeinsam verfassten Zeitungsartikel, die für die Neuheiten werben und präsentieren Talkshows und Radiosendungen.

Mögliche Anschlussaktivitäten

- Die Gruppen **recherchieren und spielen** mit verteilten Rollen die „Persönlichkeiten der 1950er Jahre": *Konrad Adenauer, Theodor Heuss, Peter Kraus, Conny Froboess, Heinrich Böll, James Dean, Romy Schneider, Horst Buchholz, Elvis Presley*
- Die Gruppen **recherchieren** die Ereignisse der 1950er Jahre und erstellen **Zeittabellen**.
- Die Gruppen **erstellen Fragebögen** und entsprechende Antwortlisten.
- Die Gruppen bereiten die Talkshow „Persönlichkeiten der 1950er Jahre" vor.

Alternativen

- Die Schüler erstellen in **Gruppen** eine **Radiosendung** über die 1950er Jahre vor.
- Jeder Schüler **recherchiert** über einen der genannten Wissenschaftler und erstellt einen kleinen **Lebenslauf.** Einige Schüler tragen ihre Lebensläufe vor.

Aktivierungsaufgabe

- Die Schüler lesen Texte so schnell wie möglich und zählen dabei bestimmte Buchstaben.

Lösungen

Neuheiten der 1950er Jahre:
KABINENROLLER, MUSIKBOX, ZEBRASTREIFEN, NYLONS, MICKY MAUS, COCA COLA, KREPPSOHLEN, SANDMÄNNCHEN, MILCHBAR, NIERENTISCHE, COCKTAILSESSEL, HULA HOOP, ROCK'N ROLL, ISETTA, TEEWAGEN, PEANUTS, LEUKOPLASTBOMBER, TÜTENLAMPEN, FERNSEHSCHRÄNKE, PETTICOAT, SAMMELTASSEN, BRAUSEPULVERTÜTCHEN, NYLONSTRÜMPFE, TRANSITORRADIO

Zeitungsartikel und Bücher der 1950er Jahre:
2. 1. „Der Fänger im Roggen“: Jerome D. Salinger 2. „Das Tagebuch der Anne Frank“: Anne Frank 3. „Billard um halb zehn“: Heinrich Böll 4. „Homo Faber“: Max Frisch 5. „Die Blechtrommel“: Günter Grass 6. „Der alte Mann und das Meer“: Ernest Hemingway 7. „Das Brot der frühen Jahre“: Heinrich Böll 8. „Bonjour tristesse“: Françoise Sagan 9. „Doktor Schiwago“: Boris Pasternak

Ereignisse in den 1950er Jahren:
1. Bundesrepublik, UKW Empfang, Wohnmaschine in Marseille, Wasserstoffbombe, Fernsehprogramm, Frances Crick, Hillary, Warten auf Godot, Herz-Lungen-Maschine, Aminosäure, Atomkraftwerk, Transistor-Radio, Überschall, Max Frisch, VW-Käfer, Jugend, Rassenschranken, Sonnenenergie, Dürrenmatt, Telefonkabel, Raumzeitalter, Satellit, Wankelmotor, Armbanduhr, Brüssel, synthetische

Name: Klasse: Datum:

Neuheiten der 1950er Jahre

1. Finde in diesem Buchstabensalat so schnell wie möglich 23 Neuheiten im Deutschland der 1950er Jahre.

ASKABINENROLLERDFGHJMUSIKBOXKLIUZTREDFGHJKJHZEBRASTREI
FENGFERTZUIOPJMNNYLONSBVCFGHJMICKYMAUSKUZTREDFGHJKJGSCV
CVBNJKHGFRZUICOCACOLAOKJNBVCDRTZKREPPSOHLENUIKMNBVCD
SASDRERTZUIUZSANDMÄNNCHENTREWSASDFGFDSAMILCHBARWERT
ZUZGFCDXCVBNJOPOIUZTZUIOPIUFDFGHNBVDSERTGHBVCDEWASNIE
RENTISCHEDERTZGFDCOCKTAILSESSELCVTEEWAGENHJHHULAHOOP
WEASDSASWERTZUIUZTREDFGFDSROCKNROLLRTZUIOPIUZTRSISETTAET
ZUIOPTEEWAGENUGFGHJVPEANUTSWERTZLEUKOPLASTBOMBERJKASD
FGHJKJHRTZUTÜTENLAMPENWERTZUIOGFDFERNSEHSCHRÄNKEWERTZU
IOPIUPETTICOATWERTZUIOSAMMELTASSENASDFGHJKLBRAUSEPULVER
TÜTCHENZTREGNYLONSTRÜMPFEASDFGHTRANSISTORRADIOER

2. Lies diesen Texten und erstelle (auch mit den Neuheiten im Buchstabensalat) Fragen für ein Interview der Gäste einer Talkshow mit dem Titel „Die 1950er Jahre".

Das Margarinekisten-Mobiliar

Nach dem Zweiten Weltkrieg wohnten sehr viele Menschen auf sehr engem Raum, da Millionen von Flüchtlingen aus den verloren gegangenen Ostgebieten untergebracht werden mussten. Als Möbel dienten zunächst einfach Kisten, da die Menschen weder Geld noch die Möglichkeit hatten, sich neu einzurichten. Man sprach vom typischen „Margarinekisten-Mobiliar". Die Möbel, die dann in den 1950er Jahren hergestellt wurden, waren leicht, praktisch, vielseitig und den oft engen Wohnverhältnissen angepasst.

aus: Ursula Oppolzer (2007): Die 50er Jahre. humboldt Verlag: Hannover, S. 27

3. Lies diesen Text und recherchiere Fernsehzahlen für 1950, 1954 und 2014.

Als das Fernsehzeitalter in Deutschland begann

Obwohl es bereits 1935 in Berlin einen Fernsehprogrammdienst und öffentliche Fernsehstuben gab und 1936 von den Olympischen Spielen in Deutschland die erste Fernsehdirektübertragung ausgestrahlt wurde, begann das Fernsehzeitalter in den 1950er Jahren. Nach dem Zweiten Weltkrieg erhielt der Nordwestdeutsche Rundfunk durch die britische Militärregierung als erster Sender seine Eigenständigkeit zurück und konnte 1948 die Entwicklung des Fernsehens wieder aufnehmen. 1950 gründeten die Rundfunkanstalten die „Arbeitsgemeinschaft der öffentlich-rechtlichen Rundfunkanstalten Deutschlands" – die ARD. 1952 bot der damalige Nordwestdeutsche Rundfunk in Hamburg das erste tägliche deutsche Fernsehprogramm.

© 2020 Cornelsen Verlag GmbH, Berlin. Alle Rechte vorbehalten.
Die Vervielfältigung dieser Seite ist für den eigenen Unterrichtsgebrauch gestattet. Für inhaltliche Veränderungen durch Dritte übernimmt der Verlag keine Verantwortung.

Erstellt von: Ursula Oppolzer

Name: Klasse: Datum:

Zeitungsartikel und Bücher der 1950er Jahre

1. Lies diese Texte und erstelle eine Radiosendung.

Sprache der Jugendlichen
Die Jugendlichen entwickelten in den 1950ern eine eigene Sprache: Ein hübsches Mädchen wurde „steiler Zahn" genannt, ein „Unzahn" war ein nicht nettes Mädchen; ein „Zickendraht" war ein Junge, der bei Aktionen der „Teenager" nicht mitmacht. Von „Laufwerk" sprach man, wenn man die Beine der Mädchen meinte, und ein „Dufter Turm" war ein eigenes Zimmer.

UKW-Infotext
Nach der Kopenhagener Wellenkonferenz von 1948 standen Deutschland nur 4 Mittelwellensender zur Verfügung. So wurde mit der Ultrakurzwelle experimentiert, denn Hunderte von diesen Sendern konnten nebeneinander arbeiten, ohne sich zu stören. Es mussten neue Radios mit einem UKW-Empfänger gebaut werden. Viele Monatsgehälter lagen in den 1950ern zwischen 250 und 500 DM, und so war ein Radio eine sehr große Ausgabe. 1950 warben die Grundig-Werke in einem Prospekt mit „Grundig-Radio – zukunftssicher durch UKW".

Weltausstellung in Brüssel
Die Weltausstellung in Brüssel wurde 1958 vom belgischen König Baudouin eröffnet. Das Wahrzeichen war das „Atomium", welches das Atommodell von Niels Bohr darstellte, und zwar 165 Mrd. Mal vergrößert. Es ist 110 m hoch und besteht aus 9 Kugeln (Durchmesser 18 m), die mit Stahlrohren verbunden sind. 53 Länder nahmen an der Weltausstellung teil.

2. Recherchiere! Kläre, was hinter diesen Zeitungsmeldungen steckt und schreibe die dazu passenden Zeitungsartikel.

„Die elf Helden von Bern"	„Gold für das neue Traumpaar"
„Zeig' her deine Perlons"	„Unser Liebling hat 25 PS"
„Das deutsche Frauleinwunder"	„Erste Reisewelle ins Land der Sonne"
„Poesie in Chrom und Lack"	„Hausfrauenbrigaden zum Feldeinsatz"

3. Ordne die Buchtitel den entsprechenden Autoren zu. Recherchiere!

1. „Der Fänger im Roggen" – 2. „Das Tagebuch der ...." – 3. „Billard um halb zehn" – 4. „Homo Faber" – 5. „Die Blechtrommel" – 6. „Der alte Mann und das Meer" – 7. „Das Brot der frühen Jahre" – 8. „Bonjour tristesse" – 9. „Doktor Schiwago"

Françoise Sagan – Ernest Hemingway – Heinrich Böll – Jerome D. Salinger – Günter Grass – Max Frisch – Anne Frank – Heinrich Böll – Boris Pasternak

© 2020 Cornelsen Verlag GmbH, Berlin. Alle Rechte vorbehalten.
Die Vervielfältigung dieser Seite ist für den eigenen Unterrichtsgebrauch gestattet. Für inhaltliche Veränderungen durch Dritte übernimmt der Verlag keine Verantwortung.

Erstellt von: Ursula Oppolzer

Name: Klasse: Datum:

Ereignisse in den 1950er Jahren

1. Ergänze die fehlenden Begriffe. Recherchiere!

1950 Lebensmittelrationierung in der .... wird beendet
1950 Erstes Radio mit ....
1952 Der Architekt Le Corbusier baut ....
1952 .... wird in den USA entwickelt
1952 Tägliches deutsches .... in Schwarz-Weiß
1953 James Watson und .... entschlüsseln das Alphabet des Lebens.
1953 Edmund .... und Tensing Norgay erklimmen den höchsten Gipfel der Welt – Mount Everest 8.848 m
1953 Uraufführung des Theaterstückes „........................“: Samuel Beckett
1953 .... in den USA entwickelt
1953 .... wird künstlich erzeugt
1954 Das erste .... der Welt – in der Nähe von Moskau geht es ans Netz
1954 Das erste .... wird gebaut.
1954 ....-Düsenjäger in den USA
1954 Der Schriftsteller .... schreibt seinen Roman („Stiller“).
1955 Der millionste ...., der „Goldkäfer“, läuft vom Band (von Ferdinand Porsche entwickelt)
1955 James Dean, Schauspieler – Symbol für die Revolte der .... in den 1950ern
1955 .... in den USA fallen
1955 Warmwasserversorgung durch .... in Israel
1956 Friedrich .... – „Der Besuch der alten Dame“ wird in Zürich aufgeführt.
1956 Transatlantisches ....: USA – Großbritannien
1957 Das .... beginnt: Die Sowjetunion hat den ersten künstlichen .... ins All geschickt, den Sputnik.
1957 Der Drehkolbenmotor wird entwickelt: ....
1957 Die erste elektrische .... kommt auf den Markt.
1958 Weltausstellung in ....
1959 Das erste .... Penicillin wird in den USA entwickelt.

Telefonkabel – Brüssel – Bundesrepublik – Wohnmaschine in Marseille – Frances Crick – Hillary – Aminosäure – Atomkraftwerk – Transistor-Radio – Überschall – VW-Käfer – Jugend – Rassenschranken – Dürrenmatt – Raumzeitalter – Wankelmotor – Armbanduhr – synthetische – Wasserstoffbombe – Fernsehprogramm – Warten auf Godot – Herz-Lungen-Maschine – Max Frisch – Sonnenenergie – UKW-Empfang – Satellit

Tipp Wenn du wichtige Begriffe mit der linken Hand schreibst (wenn du Rechtshänder bist) desto konzentrierter und damit aufnahmebereiter bist du.

© 2020 Cornelsen Verlag GmbH, Berlin. Alle Rechte vorbehalten.
Die Vervielfältigung dieser Seite ist für den eigenen Unterrichtsgebrauch gestattet. Für inhaltliche Veränderungen durch Dritte übernimmt der Verlag keine Verantwortung.

Erstellt von: Ursula Oppolzer

Wer war Herr Biedermeier?

32

Ziel / Leitidee	Die Schüler erfahren viel über das Leben in der Biedermeierzeit, über Kunst, Literatur und über die Geschichte der Zeit.
Klassenstufe	9 / 10 Deu, Ge
Vorbereitung / Material	2 Kopiervorlagen in Klassenstärke / Tafel, Kreide
Sozialform	Klassenverband / Gruppenarbeit / Partnerarbeit
Kompetenzbereich	Recherchieren, Mindmaps und Tabellen erstellen, Fragen stellen,

Hinführung

- Unterrichtsgespräch mit den **Fragen:**

  - *Was bedeutet das Wort „bieder“?*
  - *Wer war Biedermeier?*
  - *Wann war die Biedermeierzeit?*
  - *Wer lebte während der Biedermeierzeit?*

Hauptphase

- Das **Arbeitsblatt wird ausgeteilt.**
- Die Schüler erarbeiten in Einzelarbeit die Aufgaben des Arbeitsblattes.
- Es werden **5 Gruppen** gebildet.
- Die Schüler **recherchieren** und klären, wie die Menschen in Deutschland in der Biedermeierzeit gelebt haben, welche geschichtlichen Ereignisse in diese Zeit fallen, welche Persönlichkeiten während der Biedermeierzeit lebten und welche berühmten Werke entstanden.
- Es werden **neue Gruppen** gebildet, in denen jeweils 1 – 2 Schüler der ersten Gruppen zusammenkommen.
- Die neuen Gruppen **entwickeln Mindmaps** zur Biedermeierzeit und stellen sie vor.

Ergebnissicherung

- Die Schüler **lesen** die Lösungen der Aufgaben des Arbeitsblattes vor.
- Die 1. **Gruppen** stellen ihre Rechercheergebnisse vor.
- Die 2. Gruppen präsentieren ihre **Mindmaps.**
- Einige Schüler lesen ihre **Zeitungsartikel** vor.

Mögliche Anschlussaktivitäten

- Die Schüler entwickeln in **Partnerarbeit** Arbeitsblätter mit Zuordnungsaufgaben zum Thema „Biedermeierzeit“.

Name: Klasse: Datum:

Biedermeierzeit I

1. *Lies diesen Text über die Biedermeierzeit und stelle schriftlich Fragen. Die Antworten zu diesen Fragen stehen im Text und sind kursiv gedruckt.*
2. *Schreibe Steckbriefe von Heinrich Heine und Georg Büchner.*

Wer war Herr Biedermeier?
Herr *Gottlieb Biedermeier* hat nie gelebt. Er ist ein ausgedachter dichtender, schwäbischer Dorflehrer, erfunden von zwei Lyrikern, die in den Jahren *1855–1857* in einer Zeitschrift Gedichte veröffentlichten, wie z. B. „Biedermanns Abendgemütlichkeit", die ein kurz zuvor verstorbener *Lehrer* geschrieben hatte bzw. Parodien auf diese Gedichte darstellten. Die Leser lachten beim Lesen der Zeilen und waren begeistert. Bald nannte man die Zeit von *1815–1848* die „Biedermeierzeit". Der Ausdruck bezieht sich auf die Kultur und Kunst des Bürgertums und auf die Literatur. In Deutschland und Österreich lebten viele Menschen sehr zurückgezogen und kümmerten sich um *Haus und Hof und Familie.* Hier war es sehr *gemütlich bis spießig* und die *Möbel* in der Wohnstube und die Bilder an den Wänden machten das deutlich. Die Menschen machten *Hausmusik* und die Frauen verbrachten die Abendstunden mit *Handarbeit.* Es gab *Kaffeekränzchen* und *Stammtische.* In dieser Zeit des *„häuslichen Glücks"* entwickelte sich auch das *Weihnachtsfest* in der Form, wie es heute bekannt ist: Weihnachtsbaum, Weihnachtslieder und Bescherung. Die Menschen waren sehr unzufrieden mit der Politik, mit den Einschränkungen und der Zensur und wendeten sich mehrheitlich ab. Es gab jedoch auch eine Gegenbewegung, die eine politische revolutionäre Veränderung wollte. Die großen Literaten *Heinrich Heine* und *Georg Büchner* machten das in ihren Werken deutlich. Diese Zeit wird auch als *„Vormärz"* bezeichnet, die *1848* schließlich zu einer bürgerlichen Revolution in den Ländern des *Deutschen Bundes* führte. Ohne die *Karlsbader Beschlüsse* von 1819 hätte es sicher keine Biedermeierzeit gegeben.

3. *Recherchiere und beantworte die folgenden Fragen.*

a) Welches historische Ereignis fällt in das Jahr 1815?
b) Was bedeutet der Begriff „Restauration" in diesem Zusammenhang?
c) Was besagten die Karlsbader Beschlüsse von 1819?

Lösungen

Biedermeierzeit I: a) *Schlacht von Waterloo und Wiener Kongress* b) *Restauration = Vormärz nach dem Wiener Kongress 1815–1830* c) *Karlsbader Beschlüsse: Ergebnis der Karlsbader Ministerialkonferenzen vom 6. – 31.8.1819. Es ging um die Überwachung und Bekämpfung liberaler und nationaler Tendenzen. Anlass war die vorherrschende Revolutionsangst an deutschen Höfen. Auslöser war die Ermordung des Schriftstellers und russischen Generalkonsuls August von Kotzebue am 23.03.1819 d)*

© 2020 Cornelsen Verlag GmbH, Berlin. Alle Rechte vorbehalten.
Die Vervielfältigung dieser Seite ist für den eigenen Unterrichtsgebrauch gestattet. Für inhaltliche Veränderungen durch Dritte übernimmt der Verlag keine Verantwortung.

Erstellt von: Ursula Oppolzer

Name: Klasse: Datum:

Biedermeierzeit II

1. Erstelle eine Tabelle (Geschichte, Kunst, Musik, Wissenschaft) und ordne die Ereignisse, die in die Zeit des Biedermeier fallen, entsprechend zu.
2. Recherchiere und schreibe einen Artikel über die „Karlsbader Beschlüsse“ (über den „Schlesischen Weberaufstand“).

1815 Schlacht bei Waterloo
1815 Wiener Kongress
1819 Der „Savannah“ gelingt die erste Ozeanüberquerung eines Dampfschiffes von den USA nach Europa
1819 Karlsbader Beschlüsse
1820 Caspar David Friedrich malt den „Kreidefelsen auf Rügen“
1826 erfand der Apotheker John Walker aus der englischen Grafschaft Durham das Reibestreichholz.
1826 erhielt Berlin ‚Unter den Linden' die erste Gasbeleuchtung.
1826 kann fotografiert werden
1828 Der österreichische Komponist Franz Schubert stirbt in Wien.
1828 erstes Kakaopulver von van Houten, Milchschokolade erst viel später
1829 Der Evolutionsforscher Jean-Baptiste Lamarck stirbt.
1829 „Rocket“ die erste Lokomotive, eine Dampflokomotive konstruiert von George Stephenson und seinem Sohn Robert, fuhr auf der Strecke Manchester – Liverpool
1832 Der deutsche Dichter Johann Wolfgang von Goethe stirbt in Weimar.
1834 Faraday entwickelt seine Gesetze der Elektrolyse.
1835 Zwischen Nürnberg und Fürth rollt die erste Eisenbahn.
1837 Dem amerikanischen Erfinder und Maler Samuel Morse gelingt die Herstellung des ersten funktionsfähigen elektromagnetischen Schreibtelegraphen.
1838 Der Maler Spitzweg schafft mit seinem Gemälde „Der arme Poet“ ein klassisches Bild des Biedermeier.
1838 Alexander Puschkin, einer der bedeutendsten russischen Dichter, stirbt im Duell.
1841 Edgar Allan Poe begründet mit seiner Kurzgeschichte „Der Mord in der Rue Morgue“ das literarische Genre des Kriminalromans.
1843 Tausendjahrfeier des Deutschen Reiches
1844 Schlesischer Weberaufstand
1845 Es erscheint der von Heinrich Hoffmann geschriebene „Struwwelpeter“.
1845 erste moderne Rotationspresse
1846 erste Operation mit Narkose
1848 Marx und Engels verfassen das „Kommunistische Manifest“.
1848 Revolution in Deutschland

Eselsbrücke Volt mal Ampere gibt in Watt
Was der Strom geleistet hat

© 2020 Cornelsen Verlag GmbH, Berlin. Alle Rechte vorbehalten.
Die Vervielfältigung dieser Seite ist für den eigenen Unterrichtsgebrauch gestattet. Für inhaltliche Veränderungen durch Dritte übernimmt der Verlag keine Verantwortung.

Erstellt von: Ursula Oppolzer

33 Otto von Bismarck – Liebesbriefe an Johanna

Ziel / Leitidee	Die Schüler erhalten Informationen aus dem Privatleben Bismarcks und historische Ereignisse im Zusammenhang mit Otto von Bismarck.
Klassenstufe	9 / 10 Ge / Pol / Deu / Bio / Ku / Mu
Vorbereitung / Material	1 Kopiervorlage in Klassenstärke
Sozialform	Klassenverband, Partnerarbeit oder Gruppenarbeit
Kompetenzbereich	Informationen verknüpfen, logische Zusammenhänge herstellen, Recherchieren

Hinführung

- Unterrichtsgespräch mit der **Frage:**

> - *Was fällt euch ein, wenn ihr den Namen Otto von Bismarck hört?*

Hauptphase

- Die Lehrkraft liest einen Ausschnitt aus einem Liebesbrief von Bismarck an seine geliebte Johanna von Puttkamer vor:

> *„Schönhausen 21. Februar 1847*
> *Johanna, Du bessre Hälfte meiner oder Unsrer! Meine liebe, liebe Johanna, muss ich dir nochmals sagen, dass ich Dich liebe; sans phrase. … Sage mir mein Engel, Du schreibst mit so vieler Ernsthaftigkeit über Porto-Scrupel; bin ich oder bist Du der Pommer, der keinen Scherz versteht? Glaubst Du wirklich, dass mich das etwas angeht, wie viel Porto ein Brief kostet? Dass ich einen weniger schreiben würde, wenn es 10fach wäre? … Du erinnerst vielleicht, dass ich mich in Zimmerhausen schon über Deinen Mut gewundert habe, mich, den Halbfremden, anzunehmen in der Eigenschaft, dans laquelle me voila, dass Du mich aber so wenig kennst, dass Du mich, den geborenen Verschwender, für geizig hältst, zeigt, dass Du Dich mir in blindem Vertrauen hingegeben hast, in Vertrauen wie es nur eine Liebe geben kann, für die ich dir Hände und Füße küsse. Du mein Herz, wie wenig kennst Du die Welt"*
>
> Otto von Bismarck (2008): Liebesbriefe großer Männer. Piper Verlag: München, S. 141

- Im **Klassenverband** werden die unterstrichenen Wörter geklärt.
- Das **Arbeitsblatt wird ausgeteilt** und die Antworten in **Partnerarbeit recherchiert.**

Ergebnissicherung

- Die **Schüler lesen** ihre Rechercheergebnisse vor und legen ihre Blätter offen aus.

Name: Klasse: Datum:

Otto von Bismarck

1. Lies diesen Text, recherchiere und ergänze 7–10 politische Informationen mit den entsprechenden Jahreszahlen für die Zeit von 1846–1894 in chronologischer Reihenfolge.

Im Dezember 1846 schreibt der „tolle Junker“ Otto von Bismarck einen Brief an Herrn von Puttkamer, in dem er um die Hand der Tochter Johanna bittet. Johannas Vater will zunächst diesen Bismarck nicht zum Schwiegersohn, da er als wild und arrogant gilt, spielt und trinkt, Schulden hat und seine Ausbildung als Referendar nicht beendet hat. Schließlich willigt Puttkamer zu einem Gespräch ein und Bismarck kann mit seiner Wortgewandtheit den zukünftigen Schwiegervater davon überzeugen, dass er doch der richtige für seine Tochter ist. 1847 wird Hochzeit gefeiert. Für Otto war Johanna der „Anker an der guten Seite des Ufers“. Sie bekommen 3 Kinder und seine geliebte Frau hält ihm den Rücken frei für seine politische Karriere. Bismarck ist zunächst Landtagsabgeordneter, dann Ministerpräsident und schließlich Reichskanzler. Seiner Johanna schreibt er in seinem Leben weit über 500 Liebesbriefe. Als seine liebe Frau 1894 stirbt, sagt Otto: „Was ich bin, hat meine Frau aus mir gemacht.“

Otto von Bismarck (2008): Liebesbriefe großer Männer. Piper Verlag: München

2. Bringe diese historischen Fakten in die richtige Reihenfolge. Recherchiere die Jahreszahlen und schreibe dazu, wie alt Otto von Bismarck jeweils ist.

Berliner Kongress – Amerikanischer Bürgerkrieg – Wiener Kongress – Deutscher Zollverein wird gegründet – Das Kommunistische Manifest von Karl Marx – Revolution in Deutschland – Deutsch-Französischer Krieg – Wilhelm I. wird Deutscher Kaiser – Gründung der Sozialdemokratischen Arbeiterpartei – Karlsbader Beschlüsse – erste deutsche Eisenbahnlinie (Nürnberg – Fürth)

3. Recherchiere und kläre, welche berühmten Persönlichkeiten zur Zeit Bismarcks gelebt haben und notiere jeweils 3–5 Informationen.

Tipp Wenn du dir die Schreibweise bestimmter Wörter einfach nicht merken kannst oder du ähnliche Wörter immer wieder verwechelst, dann nutze deine Vorstellungskraft und bilde fantasievolle Sätze.
Beispiel: „I laid the maid onto the green floor and then I lay myself onto the hay, and I never have denied that this all is lied.“

Lösungen

Otto von Bismarck: 2. *Wiener Kongress, Karlsbader Beschlüsse, Königin Viktoria von England wird geboren, Deutscher Zollverein wird gegründet, erste deutsche Eisenbahnlinie (Nürnberg – Fürth), Das Kommunistische Manifest von Karl Marx, Revolution in Deutschland, Amerikanischer Bürgerkrieg, Gründung der Sozialdemokratischen Arbeiterpartei, Deutsch-Französischer Krieg, Wilhelm I. wird Deutscher Kaiser, Berliner Kongress*

© 2020 Cornelsen Verlag GmbH, Berlin. Alle Rechte vorbehalten.
Die Vervielfältigung dieser Seite ist für den eigenen Unterrichtsgebrauch gestattet. Für inhaltliche Veränderungen durch Dritte übernimmt der Verlag keine Verantwortung.

Erstellt von: Ursula Oppolzer

Zeitgenossen und Ereignisse des 20. Jahrhunderts

Ziel / Leitidee	Die Schüler rufen vorhandenes Wissen ab, recherchieren und klären, welche Persönlichkeiten im 20. Jahrhundert gelebt haben und welche Ereignisse in diese Zeit gehören.
Klassenstufe	9 / 10 Ge / Deu / Ek / Phy
Vorbereitung / Material	3 Kopiervorlagen in Klassenstärke / Tafel, Kreide oder Smartboard
Sozialform	Einzelarbeit / Gruppenarbeit
Kompetenzbereich	Konzentriertes Lesen, Informationen zuordnen, Recherchieren

Hinführung

- Unterrichtsgespräch mit den **Fragen:**

  - *Welche berühmten Persönlichkeiten lebten im 20. Jahrhundert?*
  - *Welche Ereignisse wird man später einmal mit dem 20. Jahrhundert verbinden?*

Hauptphase

- Die Schüler versuchen zu möglichst vielen Buchstaben des Alphabetes Persönlichkeiten aus Wissenschaft, Kunst, Musik, Literatur und Politik des 20. Jahrhunderts zu finden.
- Es werden **Gruppen** gebildet.
- Die **Arbeitsblätter werden ausgeteilt.**
- Die Aufgaben des Arbeitsblattes werden mithilfe von **Recherchen** gelöst.

Ergebnissicherung

- Die Schüler **lesen** die Lösungen des Arbeitsblattes vor und korrigieren eventuell Fehler.

Mögliche Anschlussaktivitäten

- Die Schüler **recherchieren,** erstellen eine Zeittabelle und tragen die Persönlichkeiten und Ereignisse entsprechend ein.

Alternative

- Die Schüler erstellen Listen von A–Z für das 19. und 18. Jahrhundert.

Aktivierungsaufgaben

- Die Schüler sprechen Begriffe, Vokabeln, Fremdwörter, … rückwärts.
- Die Schüler schreiben Begriffe, Vokabeln, Fremdwörter rückwärts.

Name: Klasse: Datum:

Zeitgenossen des 20. Jahrhunderts

1. Finde möglichst schnell heraus, welche der 4 Persönlichkeiten jeweils nicht im 20. Jahrhundert gewirkt haben und markiere sie.
2. Recherchiere die Lebensdaten und die Berufe der Persönlichkeiten und schreibe sie auf.

a) Willy Brandt – Gerhard Schröder – Helmut Kohl – Abraham Lincoln
b) Beatles – John F. Kennedy – Heinrich Heine – Lady Diana
c) Gustav Stresemann – Mark Twain – Paul Cezanne – Karl Marx
d) Franz Schubert – Charles Chaplin – Albert Einstein – Otto Hahn

Zuordnung

3. Ordne die Literaten den Werken zu und kläre, wann sie gelebt haben. Recherchiere!

1. Er schrieb „Die Abenteuer Tom Sawyers“ und „Huckleberry Finn“. ....
2. Sie gründete die „Österreichische Gesellschaft der Friedensfreunde“, war Mitarbeiterin von Alfred Nobel und schrieb gesellschaftskritische, pazifistische Romane wie „Das Maschinenzeitalter“. ....
3. Für das Theaterstück „Die Katze auf dem heißen Blechdach“ erhielt er zum 2. Mal den Pulitzer-Preis. ....
4. Er war britischer Staatsmann, Schatzkanzler und Premierminister und erhielt den Nobelpreis für Literatur. ....
5. Er schrieb „Die Deutschstunde“. ....
6. Er war Schweizer Dramatiker und schrieb z. B. „Der Besuch der alten Dame“, „Die Physiker“ und „Der Richter und sein Henker“. ....
7. Er schrieb „Ansichten eines Clowns“, „Billard um halb zehn“, „Hüter des Hauses“. ....
8. Er schrieb „Die Pest“. ....
9. Er war der Bruder des Schriftstellers, der „Tod in Venedig“, „Der Zauberberg“ und „Felix Krull“ geschrieben hat und selbst bekannt wurde durch seine Bücher „Der Untertan“ und „Professor Unrat“. ....
10. Er schrieb „Der Prozess“ und „Das Schloss“. ....

Siegfried Lenz – Heinrich Böll – Bertha von Suttner – Winston Churchill – Friedrich Dürrenmatt – Heinrich Mann – Mark Twain – Albert Camus – Tennessee Williams

Lösungen

Zeitgenossen des 20. Jahrhunderts: *1. a) Abraham Lincoln b) Heinrich Heine c) Karl Marx d) Franz Schubert 3. Mark Twain, Bertha von Suttner, Tennessee Williams, Winston Churchill, Siegfried Lenz, Friedrich Dürrenmatt, Heinrich Böll, Albert Camus, Heinrich Mann, Franz Kafka*

© 2020 Cornelsen Verlag GmbH, Berlin. Alle Rechte vorbehalten.
Die Vervielfältigung dieser Seite ist für den eigenen Unterrichtsgebrauch gestattet. Für inhaltliche Veränderungen durch Dritte übernimmt der Verlag keine Verantwortung.

Erstellt von: Ursula Oppolzer

Name: Klasse: Datum:

Was passt zusammen?

Verbinde Personen und Ereignisse bzw. Orte miteinander und schreibe die Infos auf.

1 „Wunder von Bern“ 1954		Luftschiff wie eine Zigarre
2 Elektrizität aus Atomkraft 1951	Antoine de Saint Exupery 1943	Ägypten
3 Erster Bikini 1946	Alexander Fleming	
4 Erstes Lebewesen im Weltraum 1957	Präsident Theodore Roosevelt USA	Weltwirtschaftskrise 1929
5 „Der kleine Prinz“	Max Planck 1900	
6 Tagebuch 1944		London
7 Nylonstrümpfe	1937	Hund Laika
8 „Schwarzer Freitag“		Inselgruppe im Pazifik
9 Weltausstellung mit Eiffelturm	1908	
10 Quantentheorie	Amerika 1920	
11 Der Zeppelin fliegt 1900	1903	Deutschland 1923
12 Assuan-Staudamm fertig	1902	
13 Erste Teddybären	Paris 1900	Anne Frank
14 Wahlrecht für Frauen	1909	
15 Robert Peary	Sputnik 1	
16 Brot kostet Milliarden	Kunstseide USA	Zweiteiliger Badeanzug
17 Erste Ampeln 1925		Nordpol
18 „Blechliesel“ = Tin Lizzy 190	Fußballweltmeisterschaft	
19 Penicillinentdeckung 1928	Atomenergie für friedliche Zwecke	Henry Ford Autos am Fließband

Lösungen

Was passt zusammen? *1. „Wunder von Bern“ 1954 – Fußballweltmeisterschaft 2. Elektrizität aus Atomkraft 1951 – Atomenergie für friedliche Zwecke 3. Erster Bikini 1946 – Zweiteiliger Badeanzug – Inselgruppe im Pazifik 4. Erstes Lebewesen im Weltraum 1957 – Sputnik 1 – Hund Laika 5. „Der kleine Prinz“ – Antoine de Saint Exupery 1943 6. Tagebuch 1944 – Anne Frank 7. Nylonstrümpfe – 1937 Kunstseide USA 8. „Schwarzer Freitag“ – Weltwirtschaftskrise 1929 9. Weltausstellung mit Eiffelturm – Paris 1900 10. Quantentheorie – Max Planck 1900 11. Der Zeppelin fliegt 1900 – Luftschiff wie eine Zigarre 12. Assuan-Staudamm fertig 1902 – Ägypten 13. Erste Teddybären 1903 – Präsident Theodore Roosevelt USA 14. Wahlrecht für Frauen – Amerika 1920 15. Robert Peary – 1909 – Nordpol 16. Brot kostet Milliarden – Deutschland 1923 17. Erste Ampeln 1925 – London 18. „Blechliesel“ = Tin Lizzy 1908 – Henry Ford Autos am Fließband 19. Penicillin entdeckt 1928 – Alexander Fleming*

Erstellt von: Ursula Oppolzer

© 2020 Cornelsen Verlag GmbH, Berlin. Alle Rechte vorbehalten.
Die Vervielfältigung dieser Seite ist für den eigenen Unterrichtsgebrauch gestattet. Für inhaltliche Veränderungen durch Dritte übernimmt der Verlag keine Verantwortung.

Name: Klasse: Datum:

Um wen geht es hier?

1. Lies diese Aussagen über geschichtliche Ereignisse und ordne sie einem Politiker und einem Jahrzehnt des 20. Jahrhunderts zu.
2. Recherchiere und schreibe zu 7 Ereignissen 3 Infos hinzu.

1) Die deutschen Fürsten erschienen, um ihm zum Regierungsjubiläum zu gratulieren.
2) Das Attentat von Sarajewo gilt als Auslöser des Ersten Weltkrieges.
3) Als neuer Ministerpräsident der Sowjetunion bemüht er sich um eine Politik der „Koexistenz", die den „Kalten Krieg" ablösen soll.
4) Der erste Vorsitzende der SPD kämpfte gegen die Verschmelzung mit den Kommunisten ebenso wie gegen die einseitige Westbindung und die Wiederbewaffnung, die …
5) … der erste Bundeskanzler der BRD
6) Er kommt aus den USA nach Berlin und hält eine außergewöhnliche Rede mit dem Schlusssatz „Ich bin ein Berliner".
7) Zwei Tage, bevor auf dem Reichstagsgebäude in Berlin die rote Flagge gehisst wurde, beging er in seinem Bunker Selbstmord.
8) Der schwarze Bürgerrechtler, der sich in den USA gewaltlos für die Rassengleichstellung eingesetzt hatte, wird in Memphis von einem entflohenen Häftling erschossen.
9) „Niemand hat die Absicht, eine Mauer zu errichten."
10) China wurde noch von der Sowjetunion unterstützt. Die beiden Regenten unterzeichnen den Freundschaftsvertrag.

Tipp Wenn du jeden Tag einige Vokabeln, Fremdwörter oder andere wichtige Infos mit beiden Händen gleichzeitig schreibst – mit der linken Hand in Spiegelschrift – verbesserst du nicht nur deine Konzentration und deine Rechtschreibung, sondern steigerst ganz allgemein dein Denkvermögen.

Lösungen

Was gehört zusammen?

1) Franz Joseph 1908
2) Österreichischer Thronfolger Franz Ferdinand und seine Frau Sophie 1914
3) Nikita Chruschtschow 1958
4) Kurt Schumacher
5) Konrad Adenauer 1952
6) John F. Kennedy 1963
7) Hitler 1945, die russischen Truppen hissten die rote Fahne
8) Martin Luther King 1968
9) Staatsratsvorsitzender der DDR Walter Ulbricht 1961
10) Stalin und Mao-Tsetung 1950

© 2020 Cornelsen Verlag GmbH, Berlin. Alle Rechte vorbehalten.
Die Vervielfältigung dieser Seite ist für den eigenen Unterrichtsgebrauch gestattet. Für inhaltliche Veränderungen durch Dritte übernimmt der Verlag keine Verantwortung.

Erstellt von: Ursula Oppolzer

35 Anfang und Ende gut, alles gut

Ziel / Leitidee	Die Schüler erweitern ihr Wissen und lernen, Fachbegriffe richtig zu verwenden.
Klassenstufe	9 / 10 Phy / Bio / Ma / EK
Vorbereitung / Material	2 Kopiervorlagen in Klassenstärke / Tafel, Kreide oder Smartboard
Sozialform	Klassenverband / Partnerarbeit / Einzelarbeit
Kompetenzbereich	Fachbegriffe nennen, logische Zusammenhänge herstellen und die Begriffe richtig zuordnen, Recherchieren, Tabellen erstellen

Hinführung

- Die Schüler nennen mündlich im **Klassenverband** Fachbegriffe aus allen Wissensbereichen.

Hauptphase

- Die Lehrkraft schreibt das Thema Fachbegriffe an die Tafel.
- Die Schüler erstellen im Wettbewerb eine Liste von A–Z und versuchen, möglichst schnell Fachbegriffe von A–Z aufzuschreiben.
- Im **Klassenverband** werden einige Fachbegriffe erklärt.
- Die **Arbeitsblätter** werden ausgeteilt.
- Die Schüler erarbeiten und **recherchieren** in Partnerarbeit die Fachbegriffe.

Ergebnissicherung

- Nach einer vorgegebenen Zeit erfolgt die **Kontrolle**.
- Die Schüler **lesen** der Reihe nach jeweils eine Zeile vor und korrigieren eventuell Fehler.

Lösung

Anfang gut, alles gut: Rezession, Legislative, Bruttosozialprodukt, Diäten, Deflation, UNICEF, Fraktion, Gewerkschaften, Knesset, ABC-Waffen, Amnesty International, Inquisition, Papyrus, Hieroglyphen, Wiener Kongress, Thing, Dissertation, Hugenotten, Limes, Romulus und Remus **Ende gut, alles gut:** 1. Adhäsion 2. Adrenalin 3. Akkumulator 4. Akropolis 5. Akustik 6. Alkaloide 7. Blizzard 8. Blutgruppen 9. Brenner 10. Capri 11. Casablanca 12. Cherusker 13. Chitin 14. Chlorophyll 15. Dadaismus 16. Delphi 17. Demokratie 18. Desoxyribonukleinsäure 19. Diffusion 20. Diktatur 21. Dualsystem 22. Polygon 23. Kondensor

Name: Klasse: Datum:

Anfang gut, alles gut

Welche Begriffe müssen hier eingesetzt werden?

1. .... ein Rückgang der wirtschaftlichen Entwicklung
2. .... die gesetzgebenden Organe eines Staates
3. .... die Wertsumme aller in einem bestimmten Zeitraum erzeugten Güter und Dienstleistungen eines Landes
4. .... die Vergütung der Abgeordneten
5. .... das Gegenteil von Inflation
6. .... das internationale Kinderhilfswerk der Vereinten Nationen
7. .... eine Gruppe von Abgeordneten der gleichen Partei im Parlament
8. .... die in der Mitte des 19. Jahrhunderts entstandene Interessenvertretung der Arbeiter
9. .... das israelische Parlament
10. .... der Begriff für atomare, biologische und chemische Waffen
11. .... eine internationale Organisation zum Schutz der Menschenrechte, die 1961 gegründet wurde
12. .... eine kirchliche Behörde, die im Mittelalter und der frühen Neuzeit maßgeblich an den Hexenprozessen beteiligt war
13. .... die papierartige Substanz, auf die die Ägypter im Altertum schrieben
14. .... die ägyptischen Schriftzeichen des klassischen Altertums
15. .... Internationale Konferenz von 1815, der die Neuordnung Europas bestimmte
16. .... Rats- und Heeresversammlung der Germanen
17. .... wissenschaftliche Abhandlung zur Erlangung der Doktorwürde
18. .... die französischen Protestanten des 16. und 17. Jahrhunderts
19. .... der Grenzwall, der von den Römern errichtet wurde
20. .... die Zwillinge, die der Sage nach Rom gegründet haben

Thing – Hugenotten – Wiener Kongress – Rezession – Dissertation – Legislative – Bruttosozialprodukt – Papyrus – Diäten – Deflation – UNICEF – Fraktion – Gewerkschaften – Knesset – ABC-Waffen – Amnesty International – Inquisition – Hieroglyphen – Limes – Romulus und Remus

Eselsbrücke „4 7 6 – Rom war ex"

Tipp Wenn du dir ohne Stress viele Fakten merken willst, dann mache dir doch immer wieder mal ein Merkposter mit Skizzen und kleinen Bildern.

© 2020 Cornelsen Verlag GmbH, Berlin. Alle Rechte vorbehalten.
Die Vervielfältigung dieser Seite ist für den eigenen Unterrichtsgebrauch gestattet. Für inhaltliche Veränderungen durch Dritte übernimmt der Verlag keine Verantwortung.

Erstellt von: Ursula Oppolzer

Name: Klasse: Datum:

Ende gut, alles gut

Welche Begriffe müssen hier eingesetzt werden? Recherchiere!

1. Das Haften zweier Stoffe oder Körper aneinander, deren Ursache Anziehungskräfte zwischen den Molekülen der beiden Stoffe sind, nennt man A...................
2. Ein Hormon des Nebennierenmarks und ein Neurotransmitter im vegetativen Nervensystem, nennt man A...................
3. Einen Energiespeicher, der sich wieder aufladen lässt, nennt man A...................
4. Die in der griechischen Antike auf einem Hügel gelegene Stadtburg nennt man A...................
5. Die Lehre vom Schall nennt man A...................
6. Meistens kompliziert gebaute, stickstoffhaltige Naturstoffe mit basischem Charakter nennt man A...................
7. Einen plötzlich auftretenden Schneesturm in Nordamerika, nennt man B...................
8. Erbbedingte Merkmale, die 1901 von dem Bakteriologen Karl Landsteiner im Blut entdeckt wurden, nennt man B ....
9. Den wichtigsten Pass in den Ostalpen (1371) südlich von Innsbruck nennt man B...................
10. Die Kalkfelseninsel im Golf von Neapel nennt man C...................
11. Die größte Stadt Marokkos nennt man C...................
12. Den germanischen Volksstamm, der unter Arminius 9 n. Chr. die Römer besiegte, nennt man C...................
13. Den festen, elastischen Stoff, der bei Insekten und anderen Gliederfüßern die Körperhülle bildet, nennt man C...................
14. Den grünen Farbstoff, der bei allen grünen Pflanzen enthalten ist, nennt man C...................
15. Die während des Ersten Weltkrieges entstandene Kunst- und Literaturrichtung, die die bestehenden Kunstauffassungen ablehnte, nennt man D...................
16. Die altgriechische Kultstätte nördlich des Golfs von Korinth und bedeutendste Orakelstätte der Griechen, nennt man D...................
17. Die Staatsform, in der die Staatsgewalt vom Volke ausgeht, nennt man D...................
18. Ein spiralig gewundenes Riesenmolekül, das die gesamte Erbinformation eines Lebewesens enthält, nennt man D...................
19. Eine von selbst eintretende allmähliche Vermischung verschiedener Stoffe, die ursprünglich getrennt vorlagen, nennt man D...................
20. Die Herrschaftsform mit unbeschränkter Macht einer Person nennt man D...................
21. Das Zahlensystem, das mit zwei Ziffern alle Zahlen darstellt, nennt man D...................
22. Den mathematischen Fachbegriff für ein Vieleck nennt man P...................
23. Ein optisches System zur Bündelung von Lichtstrahlen nennt man K...................

© 2020 Cornelsen Verlag GmbH, Berlin. Alle Rechte vorbehalten.
Die Vervielfältigung dieser Seite ist für den eigenen Unterrichtsgebrauch gestattet. Für inhaltliche Veränderungen durch Dritte übernimmt der Verlag keine Verantwortung.

Erstellt von: Ursula Oppolizer

Berühmte Frauen

36

Ziel / Leitidee	Die Schüler lernen berühmte Frauen kennen, rufen vorhandenes Wissen ab und erwerben neues Wissen.
Klassenstufe	9 / 10 Ge / Deu
Vorbereitung / Material	2 Kopiervorlagen im Klassensatz / Tafel, Kreide oder Smartboard
Sozialform	Gruppenarbeit
Kompetenzbereich	Konzentriertes Lesen, Recherchieren

Hinführung

- Unterrichtsgespräch mit der **Frage:**

  - *Welche berühmten Frauen kennt ihr?*

Hauptphase

- Die Lehrkraft schreibt das Thema *Berühmte Frauen* an die Tafel und liest einen Text über eine berühmte Frau vor.

> *„Als sie 1926 habilitiert und ihre Einführungsvorlesung ‚Über die kosmische Physik' hält, spricht die Presse von der Vorlesung eines Fräuleins über kosmetische Physik. Sie wurde bis in die 1980er Jahre als Assistentin von Otto Hahn bezeichnet, obwohl sie seit 1926 Professorin war." (Lösung: Lise Meitner)*
>
> *Ernst Peter Fischer: Aristoteles, Einstein & Co. Eine kleine Geschichte der Wissenschaft in Porträts © 1995 Piper Verlag GmbH, München*

- Im **Klassenverband** wird geklärt, um welche berühmte Frau es sich handelt.
- Es werden 5 **Gruppen gebildet** und die **Arbeitsblätter** werden ausgeteilt.

Ergebnissicherung

- Die **Gruppen lesen** jeweils ihre Texte vor, nennen weitere Informationen über die berühmte Frau und den Namen.
- Die Texte werden nach dem **Präsentieren** an die Wand geheftet.
- Alle **Schüler schreiben** mithilfe der Texte über jede berühmte Frau mindestens 7 (10) Informationen in ihr Heft bzw. übertragen diese in ihre Mappen.

Lösungen

Texte über berühmte Frauen: *1.* Marie Curie (1867–1934) *2.* Christiane Vulpius (1765–1816) *3.* Clara Schumann (1819–1896)
Zeitgenössische Persönlichkeiten: Maria Theresia (1717–1780), Rosa Luxemburg (1871–1919), Paula Modersohn-Becker (1876–1907)

Name: Klasse: Datum:

Texte über berühmte Frauen

1. Lies diese Texte, kläre die unterstrichenen Begriffe und ergänze mindestens 5 weitere Infos.
2. Recherchiere und schreibe 3 Persönlichkeiten auf, die zur selben Zeit gelebt haben.

1. Text – es handelt sich um:..

Als Maria Sklodowska 1867 in Warschau geboren wird, veröffentlicht Karl Marx seinen ersten Band „Das Kapital". 1902 gelingt ihr die Darstellung des Elements Radium und 1903 bekommt sie mit ihrem Mann und dem Physiker Becquerel den Nobelpreis für Chemie. Als sie 1911 ihren 2. Nobelpreis für Chemie erhält, kommt Ernest Rutherford mit seinem Planetenmodell eines Atoms der Wirklichkeit näher.

„Sie ist eine Frau, sie gehört einer unterdrückten Nation an, sie ist arm, sie ist schön. Eine innere Berufung lässt sie Polen, ihre Heimat, verlassen, um in Paris zu studieren. Dort begegnet sie ihrem späteren Mann, der ebenfalls ein genialer Wissenschaftler ist. Die härteste, erbitterste Anspannung lässt sie eine magische Substanz entdecken, das Radium."

Irene C., ihre Tochter, aus: Ernst Peter Fischer: Aristoteles, Einstein & Co. Eine kleine Geschichte der Wissenschaft in Porträts © 1995 Piper Verlag GmbH, München, S. 81

2. Text – es handelt sich um:..

Sie ist die Frau mit der Goethe eine lange Zeit seines Lebens verbracht hat. Er heiratete sie jedoch erst 1806, nachdem sie durch ihr beherztes Auftreten verhindert hatte, dass die in Weimar eingefallenen französischen Soldaten das Haus am Frauenplan plünderten. Sie bekamen 5 Kinder, von denen nur der Sohn August überlebte.

„Ich hab nichts für mich gewollt von dem Herrn von Goethe. Ich hab ihm damals eine Bittschrift meines Bruders überreicht. Nur angesehen hat er mich und ich hab geknickst und bin rot geworden und hab gelacht. Für ihn war ich keine Arbeiterin, die Kunstblumen in der Fabrik macht, für ihn war ich ein Blumenmädchen. Als die Weimarer rausgekriegt hatten, dass ich bei ihm war, Tag und Nacht, da hieß es, ich wär' ein Geschöpf aus der Gosse. Aber der Meinige hat mir einen Schlüssel gegeben und hat, unser Häusgen gesagt. Ich war Goethes ‚dickere Hälfte' haben sie gesagt."

Christine Brückner: Wenn du geredet hättest, Desdemona © 1982 by Hoffmann und Campe, Verlag, Hamburg

3. Text – es handelt sich um:..

1819 erblickte ich in Leipzig das Licht der Welt. Ich war ein sogenanntes Wunderkind und gab bereits mit acht Jahren meine ersten Konzerte. Man hielt mich für eine der größten Pianistinnen meiner Zeit. Meine große Liebe wurde von meinem Vater total abgelehnt, und ich musste meine Ehe mit Robert gerichtlich erkämpfen. 1840 war es endlich so weit. Wir hatten acht Kinder zusammen, doch leider wurde mein Mann krank und musste mehrfach ins Krankenhaus. Nach seinem Tod 1856 wurde der große Komponist Johannes Brahms ein wichtiger Freund meines Hauses. Er unterstützte mich, blieb bei den Kindern, wenn ich auf Konzertreisen war und half mir zunächst so gut er konnte. Dann verließ er jedoch meinen Wohnort und ich musste sehen, wie ich mit meinen Kindern zurechtkam. 1878 wurde ich die erste Klavierlehrerin im Hoch'schen Konservatorium in Frankfurt. Als ich 1896 starb, wurde ich neben meinem Mann auf einem Friedhof in Bonn beigesetzt.

© 2020 Cornelsen Verlag GmbH, Berlin. Alle Rechte vorbehalten.
Die Vervielfältigung dieser Seite ist für den eigenen Unterrichtsgebrauch gestattet. Für inhaltliche Veränderungen durch Dritte übernimmt der Verlag keine Verantwortung.

Erstellt von: Ursula Oppolzer

Name: Klasse: Datum:

Steckbriefe zu berühmten Frauen

1. *Lies diese Steckbriefe, kläre die unterstrichenen Begriffe, recherchiere und ergänze mindestens 5 weitere Infos.*
2. *Recherchiere und schreibe 3 Persönlichkeiten auf, die zur selben Zeit gelebt haben.*

Steckbrief 1

Ich war seit 1740 Königin von Böhmen und Ungarn und die Stammmutter des Hauses Habsburg-Lothringen. Ich übernahm die Regierung von meinem Vater und setzte meinen Ehemann Franz Stephan zum Mitregenten ein. 1745 wurde er zum Deutschen Kaiser gekrönt. Unsere Ehe war glücklich und ich gebar 16 Kinder.

Steckbrief 2

Ich bin eine der wichtigsten Persönlichkeiten der sozialistischen, sozialdemokratischen und internationalen Arbeiterbewegung. Meine Heimat war Polen, aber einen großen Teil meines Lebens verbrachte ich in Deutschland. Ich war von meinen Ideen sehr überzeugt und kämpfte für sie so gut ich konnte. Am Ende starb ich für meine Ideale. Mein treuester Freund und Mitkämpfer war Leo Jogiches, den ich sehr liebte. Wir wurden nie getraut, aber ich fühlte mich als seine Frau. Ich studierte in Zürich und promovierte auch später dort, weil ich aus Polen fliehen musste. 1893 gründete ich mit Leo die SDKP, die Sozialdemokratische Partei des Königreichs Polen. 1898 ging ich nach Deutschland und schloss eine Scheinehe mit Gustav Lübeck, um die deutsche Staatsbürgerschaft zu erlangen. Ich wurde schon bald Mitglied der SPD und gehörte zum linken, revolutionären Flügel der Partei. Die Enttäuschung darüber, dass einige meiner Parteigenossen den Ersten Weltkrieg guthießen, war unsagbar groß. Ich gründete mit Karl Liebknecht den Spartakusbund, dessen Ziel ein gesamteuropäischer Generalstreik war, der den Krieg beendete. Ich wurde inhaftiert, aber Ende des Krieges wieder entlassen. Liebknecht und ich gründeten die KPD, die Kommunistische Partei Deutschlands. Während der Revolution und des Spartakusaufstandes wurden Karl und ich ermordet.

Steckbrief 3

Ich war Malerin und eine der bedeutendsten Vertreterinnen des frühen Expressionismus. Ich konnte mich nicht ganz und gar der Kunst widmen, da meine Eltern nicht wohlhabend waren. Ich musste eine Ausbildung zur Lehrerin machen und bereitete eine Tätigkeit als Gouvernante vor. Da ich eine Frau war, durfte ich nicht die Kunstakademie besuchen. 1893 sah ich in Bremen die Bilder des Worpsweder Künstlerkreises und zog etwas später für längere Zeit in die Künstlerkolonie und Clara Westhoff, die spätere Ehefrau von Rainer Maria Rilke, wurde meine Freundin. 1899 erbte ich einen guten Betrag und ging nach Paris. Clara und ich studierten dort an einer Kunstschule. Ich war begeistert von den Bildern Cezannes. 1900 kam mein zukünftiger Ehemann Otto nach Paris. Ein Jahr später heiratete ich Otto, der 11 Jahre älter war als ich. Seine Tochter Elsbeth mochte ich sehr und oft stand sie mir als Modell zur Verfügung. Immer wieder ging ich für kurze Zeit nach Paris. 1906 trennte ich mich von Otto.

© 2020 Cornelsen Verlag GmbH, Berlin. Alle Rechte vorbehalten.
Die Vervielfältigung dieser Seite ist für den eigenen Unterrichtsgebrauch gestattet. Für inhaltliche Veränderungen durch Dritte übernimmt der Verlag keine Verantwortung.

Erstellt von: Ursula Oppolzer

37 Kunst überall

Ziel / Leitidee	Die Schüler erfahren, was Kunst in der Steinzeit und in späteren Epochen bedeutet.
Klassenstufe	9 / 10 Ku / Deu / Ek
Vorbereitung / Material	1 Kopiervorlage in Klassenstärke / Tafel, Kreide oder Smartboard
Sozialform	Klassenverband / Einzelarbeit / Gruppenarbeit
Kompetenzbereich	Konzentriertes Lesen, Informationen verknüpfen, Lückentexte ergänzen, Fragen stellen, Recherchieren, *Mindmaps erstellen*

Hinführung

- Unterrichtsgespräch mit den **Fragen:**

> - *Was wisst ihr über die Steinzeit?*
> - *Gab es in der Steinzeit schon Kunst?*
> - *Was bedeutet der Begriff Renaissance?*

Hauptphase

- Im Klassenverband nennen die Schüler Künstler von A–Z.
- Es werden **Gruppen** gebildet.
- Die **Arbeitsblätter werden ausgeteilt.**
- Die Gruppen erarbeiten den **Lückentext** und schreiben Fragen auf.

Ergebnissicherung

- Nach einer vorgegebenen Zeit **lesen** die Gruppen ihre Ergebnisse vor und vergleichen.

Mögliche Anschlussaktivitäten

- Die Gruppen recherchieren und erstellen eine Mindmap zum Thema Impressionismus.

Alternative

- Die Gruppen erstellen ein **Interview** mit einem Künstler.

Lösungen

> **Kunst:**
> 1. Papyrusrollen, Pharao, Grabanlagen, Pyramiden, Schilfrohrstängel, Bauern, Sonnengott Re, Nut, Gott der Erde, Reliefs, Sphinx
> 3. Mönche, Pergament, Kalbshaut, Federkiel, Kopist, Bleimine, Goldblatt, Tinte

Name: Klasse: Datum:

Kunst

Kunst im alten Ägypten

1. Lies diese Sätze und schreibe die fehlenden Wörter in die Lücken.
2. Kläre, wo Ägypten liegt und schreibe mindestens 7–10 Infos über dieses Land auf.

Die Künstler des alten Ägyptens zeichneten auf Holz, auf Stein und auf.....................
Die Künstler arbeiteten vor allem für den .... und für die Priester.
Die Künstler bemalten die Wände von .... oder von Palästen.
Die Grabstätten der Pharaonen heißen....................
Die Künstler trugen die Farben mit .... auf, deren Ende sie vorher zerkauten.
Die Künstler malten .... auf dem Feld, da die Menschen in Ägypten glaubten, dass diese Bauern die Toten im Jenseits mit Nahrung versorgen.
Die Künstler malten auch auf Papyrusrollen, z. B. den ägyptischen .... in einem Boot, über das sich die Göttin des Himmels .... wölbt und auf dem Boden sitzt Geb, der ....
Die Bildhauer stellten Statuen und .... her für Tempel, Grabanlagen und Paläste.
Eine .... ist ein Löwe mit einem Menschenkopf.

Sphinx – Grabanlagen – Nut – Papyrusrollen – Gott der Erde – Schilfrohrstängeln – Pharao – Bauern – Sonnengott Re – Reliefs – Pyramiden

Kunst im Mittelalter

3. Lies diesen Text und fülle die Lücken mit den richtigen Begriffen.

Viele .... im Mittelalter waren Künstler. Sie schrieben Texte ab und verzierten jeweils den ersten Buchstaben der Seite mit geometrischen Motiven, Tieren und Personen.
Die Mönche schrieben auf .... Blättern aus Schafs- oder ....
Dieses Pergament musste zunächst vorbereitet werden, bevor die Mönche darauf mit einem .... und Tinte schreiben konnten. Der ...., so wird der Schreiber genannt, der Texte abschreibt, zeichnet mit einer .... die Initiale vor: Dann legt er eine Schicht .... auf und streicht eine Farbe darüber. Wenn die Farbe trocken ist, wird zum 2. Mal darüber gestrichen und danach alle Umrisse mit schwarzer .... nachgezeichnet.

Kopist – Pergament – Mönche – Federkiel – Kalbshaut – Bleimine – Goldblatt – Tinte

Eselsbrücke Komplementärfarben
Im *blauen* Meer schwimmen *Orangen.*
Auf der *grünen* Wiese wachsen *rote* Mohnblumen.
Im *gelben* Sonnenblumenfeld wachsen *violette* Veilchen.

© 2020 Cornelsen Verlag GmbH, Berlin. Alle Rechte vorbehalten.
Die Vervielfältigung dieser Seite ist für den eigenen Unterrichtsgebrauch gestattet. Für inhaltliche Veränderungen durch Dritte übernimmt der Verlag keine Verantwortung.

Erstellt von: Ursula Oppolzer

Florence Nightingale (1820–1910)

Ziel / Leitidee	Die Schüler lernen etwas über das Leben von Florence Nightingale und erweitern ihren englischen Wortschatz.
Klassenstufe	7 / 8 En / Ge / Bio
Vorbereitung / Material	2 Kopiervorlagen in Klassenstärke / Tafel, Kreide bzw. Smartboard / englische Wörterbücher
Sozialform	Klassenverband / Gruppenarbeit
Kompetenzbereich	Recherchieren, Tabellen erstellen Fragen stellen Erklärungen schreiben und vortragen, *Zeitungsartikel schreiben*

Hinführung

- Unterrichtsgespräch mit den **Fragen:**

  - *Welche berühmten Frauen kennt ihr, die nicht in Deutschland gelebt haben?*
  - *Was wisst ihr über Florence Nightingale?*

Hauptphase

- Die Lehrkraft schreibt *Florence Nightingale* an die Tafel.
- Es werden **Gruppen** gebildet.
- Das **Arbeitsblatt wird ausgeteilt.**
- Die Schüler übersetzen in Gruppenarbeit den Text des Arbeitsblattes.
- Die Schüler **schlagen nach, klären die Bedeutung** neuer englischer Wörter und schreiben sie auf.

Ergebnissicherung

- Die Schüler **lesen** den Text und ihre Übersetzung vor.
- Die Schüler lesen ihre **Fragen** vor und lassen sie von anderen Schülern beantworten.

Mögliche Anschlussaktivitäten

- Es werden **Gruppen** gebildet.
- Jede Gruppe **recherchiert** und schreibt einen Artikel über die Zeit, in der Florence Nightingale gelebt hat bzw. über das Leben in London 2015.

Alternative

- Die Schüler **lesen** noch einmal den Text des Arbeitsblattes und schreiben in Tabellenform alle Namen, Orte und geschichtlichen Ereignisse heraus.
- Im **Klassenverband** werden die Begriffe besprochen.

Name: Klasse: Datum:

Florence Nightingale (1820 – 1910): English Nurse

1. *Übersetze diesen Text mithilfe der deutschen Wörter im unteren Kasten.*
2. *Schreibe 10 Fragen zu Florence Nightingale auf und kennzeichne die Antworten im Text mit einem Textmarker.*

Florence Nightingale, a pioneering nurse, was the daughter of the rich landowner William Edward Shore, and was born in Florence on 15th May 1820. As a young woman Florence turned down proposals of marriage and ignored the social conventions of the day for a woman of her standing. Despite protests from her family, she chose nursing as her profession, and in 1850 began her training at the Institute of St. Vincent de Paul in Alexandria, Egypt. Nightingale continued her studies in Germany for three additional months in 1850. She returned to London and accepted an unpaid volunteer position as the Superintendent at the "Establishment for Gentlewomen during Illness". At thirty she gave part of her wealth to a London hospital and took over its management. She became well-known during a cholera epidemic, when she risked her life to help. During the Crimean war between Turkey and Russia (1853–1856), when England and France fought on Turkey's side, she organized the care of the British expedition forces' sick and wounded and helped to improve the terrible conditions of the British field hospitals. She found wounded soldiers lying on bare floors surrounded by vermin, with men dying more often from diseases such as cholera and typhus, than from their battle wounds. The soldiers called her the "Lady with the Lamp" and with this description she became a legend of willingness to help and self-sacrifice. Shunned by her male colleagues, Nightingale took the extraordinary step of using a contact at "The Times" to write a story about the deplorable conditions of British military hospitals. Soon after the article was published and read by an outraged public, Florence Nightingale was allowed to continue her work. Her efforts inspired Henri Dunant to found the Red Cross.
In England the hospital conditions were likewise inhumane. Hygiene was inadequate and nurses were poorly, if at all, trained. Cleanliness, sanitary equipment and appropriate nourishment brought the death rate down from 42 to 11 percent.

social conventions = gesellschaftliche Regeln / despite = trotz / volunteer = Praktikum / wealth = Reichtum / Crimean War = Krimkrieg / to recruit = einziehen / conditions = Bedingungen / unsanitary = unhygienisch / surrounded = umgeben / vermin = Ungeziefer / diseases = Krankheiten / battle = Schlacht / to attempt = versuchen / to improve = verbessern / willingness = Bereitschaft / self-sacrifice = Selbstaufopferung / to shun = meiden / extraordinary = außerordentlich / deplorable = bedauerlich / to publish = veröffentlichen / outraged public = empörte Öffentlichkeit / to found = gründen / efforts = Bemühungen / likewise = ebenfalls / cleanliness = Sauberkeit / appropriate = angemessen

© 2020 Cornelsen Verlag GmbH, Berlin. Alle Rechte vorbehalten.
Die Vervielfältigung dieser Seite ist für den eigenen Unterrichtsgebrauch gestattet. Für inhaltliche Veränderungen durch Dritte übernimmt der Verlag keine Verantwortung.

Erstellt von: Ursula Oppolzer

Name: Klasse: Datum:

Florence Nightingale (1820–1910): Medical Reformer

After her return in 1857, Florence Nightingale planned suitable hospitals. She improved the fresh water supply, set new standards for sanitation, introduced fresh fruit and vegetables into patients' diets. She ensured that there were increasing numbers of community nurses to help the sick, and that all nurses were properly trained. In 1860 she founded the Nightingale Training School for nurses in London. Soon her reputation spread throughout Europe and reached America and India. In both the American Civil War and the German-French War 1870/1871 she was consulted on military hospitals. Nursing schools emulating the English model were opened in many countries. Florence Nightingale went on to publish many books and pamphlets during the rest of her life. Her pioneering efforts to improve sanitation, military health and hospital planning founded practices that are still being used today. Florence Nightingale died in London on 18th August 1910.

suitable = zweckmäßig / to improve = verbessern / to introduce = einführen /
to supply = liefern / proberly = ordnungsgemäß / to ensure = dafür sorgen /
to spread = sich ausbreiten

© 2020 Cornelsen Verlag GmbH, Berlin. Alle Rechte vorbehalten.
Die Vervielfältigung dieser Seite ist für den eigenen Unterrichtsgebrauch gestattet. Für inhaltliche Veränderungen durch Dritte übernimmt der Verlag keine Verantwortung.

Erstellt von: Ursula Oppolzer

Was stimmt hier nicht?

39

Ziel / Leitidee	Die Schüler rufen vorhandenes Wissen ab und lernen mithilfe von Anekdoten Neues über Persönlichkeiten aus Geschichte, Wissenschaften Musik und Kunst. Sie finden heraus, welche Informationen falsch sind, und klären den Sachverhalt.
Klassenstufe	9 / 10 Ge / Deu / EK / Phy
Vorbereitung / Material	1 Kopiervorlage in Klassenstärke / Tafel, Kreide oder Smartboard
Sozialform	Klassenverband, Einzelarbeit / Gruppenarbeit
Kompetenzbereich	Konzentriertes Lesen, Informationen zuordnen, Lebensläufe schreiben, Recherchieren

Hinführung

- Unterrichtsgespräch mit den **Fragen:**

  - *Was sind Anekdoten?*
  - *Wer kennt eine Anekdote und kann sie erzählen?*

Hauptphase

- Die Lehrkraft liest eine Anekdote vor, in der einiges nicht stimmt, und die Schüler versuchen zu erkennen, welche der Angaben falsch sind:

Der Blitzableiter ist nicht 1852 von Ben Frank erfunden worden, sondern viel früher von einem Unbekannten. In Schallers Drama „Die Piccolos" sagt Buttler über Wellenfels: „Und wie des Blitzes Funke sicher, schnell, geleitet an der Wetterstange, läuft, herrscht sein Befehl vom letzten fernen Posten, der an die Dünen branden hört den Belt …" (4)

(1752, Benjamin Franklin, Schiller [1759 – 1805], Piccolomini, Wallenstein [1583 – 1634])

- Im **Klassenverband** wird geklärt, was in dieser Anekdote nicht stimmt und wie es richtig heißen muss.
- Es werden **Gruppen** gebildet.
- Die **Arbeitsblätter werden ausgeteilt.**
- Die Aufgaben des Arbeitsblattes werden mithilfe von **Recherchen** gelöst.

Ergebnissicherung

- Die Schüler **lesen** die Sätze und Anekdoten richtig vor und korrigieren eventuell Fehler.

Name: Klasse: Datum:

Was stimmt hier nicht?

1. Lies diese Anekdoten und finde heraus, was nicht stimmt und wie es richtig heißen muss. Recherchiere! In Klammern findest du jeweils die Anzahl der Fehler.

Anekdoten

1) Archimedes saß am Strand von Athen und zeichnete geometrische Figuren auf eine Schiffswand. Da nahte das Heer der Hunnen, um seine Stadt zu bestürmen. Archimedes rief ihnen entgegen: „Zerstört meine Figuren nicht!“ (4)

2) Leopold da Vinci malte bereits 2 Jahre an seiner Mona Lora. Sie wollte nicht richtig gelingen und er war sehr schlecht gelaunt. Nun hatte er einen neuen Farbenreiber angenommen, den er Bertoldo (Dummkopf) nannte. Als er wieder einmal wütend über sich selbst war, warf er Pinsel und Schwamm weg und rannte aus dem Keller. Als er zurückkam, entdeckte er auf der Stirn der Mona Lora eine Fliege. Als er sie verjagen wollte, sah er, dass sie gemalt war und fragte seinen Farbenreiber: „Wer zum Teufel bist du?“ „Ich heiße Albrecht Düker.“ (5)

3) Talleyrand berichtete dem Franzosen von der Krönung der Zarin Katharina der Großen: „Vor ihr schritten die Mörder ihres Großvaters, neben ihr die Mörder ihres Vaters und hinter ihr, ihre eigenen.“ (2)

4) Theobald Luther wollte überhaupt nicht nach Weimar gehen, denn seine Freunde hatten ihn gewarnt. Luther aber entgegnete ihnen: „Ich will nach Weimar, und wenn so viele Teufel darin wären wie Ziegel auf den Dächern. Husse wurde zwar im Feuer verbrannt. Die Wahrheit aber haben sie nicht mitverbrannt.“ (3)

5) Der Physiker Oswald Hahn war seit 1928 Direktor des Kaiser-Otto- Instituts und 1948 – 1959 Präsident der Max-Planck-Gesellschaft. Hahn fand zusammen mit Liselotte Meister das Protaktinium und entdeckte mit Fritz Straßmann 1938 die Kernspaltung des Radiums und des Thoriums. Für diese Entdeckung wurde ihm 1945 der Nobelpreis für Biologie des Jahres 1944 verliehen. (5)

2. Schreibe Lebensläufe der genannten Persönlichkeiten.

Lösungen

Was stimmt hier nicht? *1) Syrakus, in den Sand, Römer, Kreise – 2) Leonardo da Vinci, Mona Lisa, Farbpalette, Haus, Albrecht Dürer – 3) Russen, Zar Alexander des Großen – 4) Martin Luther, Wittenberg, Hus – 5) Otto, Wilhelm, Lise Meitner, Urans, Chemie*

Erstellt von: Ursula Oppolzer

© 2020 Cornelsen Verlag GmbH, Berlin. Alle Rechte vorbehalten.
Die Vervielfältigung dieser Seite ist für den eigenen Unterrichtsgebrauch gestattet. Für inhaltliche Veränderungen durch Dritte übernimmt der Verlag keine Verantwortung.

Biokraftstoffe

Ziel / Leitidee	Die Schüler lernen, welche Biokraftstoffe es gibt und welche Vor- und Nachteile Biokraftstoffe mit sich bringen.
Klassenstufe	9 / 10 Bio / Ch / Deu
Vorbereitung / Material	2 Kopiervorlagen in Klassenstärke / Tafel, Kreide oder Smartboard
Sozialform	Einzelarbeit / Gruppenarbeit
Kompetenzbereich	Konzentriertes Lesen, Informationen verknüpfen, Mindmaps, Fragen stellen, Recherchieren, Tabellen erstellen, *Rollenspiele*

Hinführung

- Mündliches **Brainstorming** im Klassenverband zum Thema „Biokraftstoffe".

Hauptphase

- Die Lehrkraft schreibt das Thema *Biokraftstoffe* in die Mitte der Tafel.
- Die Ergebnisse des mündlichen Brainstormings werden an der Tafel und in den Mappen notiert.
- Die Schüler beginnen, mit den Informationen eine **Mindmap** zu erstellen.
- Es werden **Gruppen** gebildet.
- Die **Arbeitsblätter werden ausgeteilt** und die Aufgaben in den Gruppen bearbeitet.
- Die **Gruppen recherchieren.**
- Die Schüler vervollständigen ihre angefangenen **Mindmaps.**

Ergebnissicherung

- Nach einer vorgegebenen Zeit **lesen** die Gruppen ihre Ergebnisse vor und vergleichen.
- Die **Mindmaps** werden an die Wand geheftet und präsentiert.

Mögliche Anschlussaktivitäten

- Mit den Fragen und Antworten wird im Klassenverband ein **Quiz** veranstaltet.
- Die Gruppen **recherchieren** und erarbeiten eine **Expertenrunde** im Fernsehen.

Lösung

Biokraftstoffe: flüssig: Benzin – Kerosin – Diesel – Biodiesel – Leichtbenzin – Methanol – Butanol – Schweröl – Pflanzenöl – Benzol
gasförmig: Erdgas – Biogas – Wasserstoff – Ethan
Feststellungen: a) r b) r c) r d) r e) r f) r g) f h) r i) r j) r k) f l) r m) r n) r o) f
Joke: Sandpaper

Name: Klasse: Datum:

Biokraftstoffe

1. Lies diesen Text und erstelle eine Tabelle

Der Begriff „Biokraftstoff“ ist irreführend, da die Vorsilbe „Bio“ nur positive Assoziationen auslöst und in der Regel auf die Herstellung aus ökologischer Landwirtschaft hinweist. Hier bedeutet „bio“ einfach nur, dass die Herstellung aus Pflanzen, Pflanzenabfällen oder tierischen Abfällen erfolgt und sowohl Vorteile wie auch Nachteile mit sich bringt. Die Rohstoffe für die Erzeugung von Biokraftstoffen sind vielfältig und reichen von den nachwachsenden Ölpflanzen, wie z. B. Raps oder Palmöl, über Pflanzen wie Mais, Zuckerrohr, Zuckerrüben, Weizen, Algen bis hin zu pflanzlichen Abfällen wie z. B. Stroh und tierischen Abfällen wie etwa Gülle. Zunächst wurden für die Herstellung von Biokraftstoffen Öl, Zucker oder Stärke verwendet (könnten der Nahrungsmittelproduktion dienen) und der Hauptanteil der Pflanzen wurde als Futtermittel verwendet. Immer mehr geht es um die Verwendung der vollständigen Pflanze oder der Verwendung von Pflanzenteilen, die sich nicht oder nur bedingt für die Nahrungsmittelproduktion eignen. Biokraftstoffe sollen die aus fossilen und damit begrenzt zur Verfügung stehenden Energieträger wie Diesel, Benzin und Erdgas zumindest teilweise ersetzen. Inwieweit dies gelingt, hängt z. B. davon ab, wie hoch die Preise für herkömmliche Kraftstoffe sind, wie hoch die Besteuerung für Biokraftstoffe ist, wie groß die möglichen Anbauflächen sind, wie hoch die Rohstoffpreise und die Herstellungskosten, vom Stand der Technik her, sind. Biokraftstoffe können den herkömmlichen Kraftstoffen beigemischt oder in Reinform genutzt werden. Wenn auf Flächen, die bis jetzt der Nahrungsmittelproduktion dienten, Weideland bzw. Brachflächen waren oder tropischer Regenwald abgeholzt wird, so hat das zwar unterschiedliche, aber immer negative Auswirkungen. Bei der Herstellung von Biokraftstoffen aus Abfällen überwiegen die Vorteile.

Fragen

1. Was bedeutet „bio“?
2. Welche Ölpflanzen gibt es?
3. Wo wird Raps angebaut?
4. Wo wird Zuckerrohr angebaut?
5. Wo auf der Erde gibt es Tropischen Regenwald?
6. Welche Pflanzen werden für Biokraftstoffe genutzt?

Kraftstoffe

1. Lies diesen Text, schreibe einen Zeitungsartikel. Recherchiere zum Thema „Herkömmliche Kraftstoffe“!

Motoren, z. B. in Autos, Flugzeugen, Schiffen und Raketen, brauchen Kraftstoffe, bei denen die chemische Energie durch Verbrennung in Antriebskraft umgewandelt wird, und zwar entweder in flüssiger oder fester Form oder als Gas.

Ethan – Benzin –– Schweröl – Biodiesel – Methanol – Leichtbenzin – Erdgas – Biogas –Butanol – Kerosin – Wasserstoff – Benzol – Pflanzenöl – Diesel

© 2020 Cornelsen Verlag GmbH, Berlin. Alle Rechte vorbehalten.
Die Vervielfältigung dieser Seite ist für den eigenen Unterrichtsgebrauch gestattet. Für inhaltliche Veränderungen durch Dritte übernimmt der Verlag keine Verantwortung.

Erstellt von: Ursula Oppolzer

Name: Klasse: Datum:

Feststellungen zum Thema „Biokraftstoffe“

1. *Kennzeichne diese Feststellungen mit richtig oder falsch. Recherchiere, kläre, ob deine Vermutungen richtig sind, und ergänze Informationen.*
2. *Erstelle eine Mindmap, auch mithilfe der Informationen des ersten Arbeitsblattes.*

Feststellungen	r	f
a) Biokraftstoffe sind nicht aus biologischem Anbau.		
b) Der Preis von Erdöl und Erdgas beeinflusst nicht die Produktion von Biokraftstoffen.		
c) Nachwachsende Rohstoffe für die Herstellung von Biokraftstoffen führen zur Nachhaltigkeit.		
d) Die Anbauform von Pflanzen zur Herstellung von Biokraftstoffen ist von zentraler Bedeutung für die ökologische Bilanz.		
e) In der Regel werden beim Anbau von Pflanzen für die Herstellung von Biokraftstoffen Kunstdünger und Pestizide eingesetzt.		
f) Die Verwendung von Pflanzenölen zur Herstellung von Biokraftstoff führt zu einer Halbierung des Ausstoßes von Rußpartikeln im Vergleich zu Diesel.		
g) Die Verunreinigung der Luft durch Schwefel und Schwermetalle entfällt nicht bei Biokraftstoffen.		
h) Die Energiebilanz bei der Herstellung pflanzlicher Öle liegt niedriger als bei der Raffination mineralischer Kraftstoffe.		
i) Biodiesel aus Raps ist schädlicher für das Klima als herkömmliches Benzin.		
j) Durch die Herstellung von Biokraftstoffen werden Ökosysteme zerstört.		
k) Wer in Deutschland Biosprit tankt, senkt den CO_2-Ausstoß.		
l) Biokraftstoffe können zu Wassermangel führen.		
m) Die Herstellung von Palmöl als Rohstoff für Biokraftstoffe hat Umweltschäden zur Folge und wird nicht als klimaneutral angesehen.		
n) Landwirtschaftlich erzeugte Rohstoffe für die Energiebereitstellung und für die chemische Industrie gewinnen immer mehr an Bedeutung.		
o) Tierische Öle, Altöl und Speisefette sind als Kraftstoffe nicht geeignet.		

Eselsbrücke HONCS: Honig chemisch sehen
Die Buchstaben HONCS bezeichnen die Elemente Wasserstoff, Sauerstoff, Stickstoff, Kohlenstoff und Schwefel. Die Reihenfolge zeigt die aufsteigende Wertigkeit.

© 2020 Cornelsen Verlag GmbH, Berlin. Alle Rechte vorbehalten.
Die Vervielfältigung dieser Seite ist für den eigenen Unterrichtsgebrauch gestattet. Für inhaltliche Veränderungen durch Dritte übernimmt der Verlag keine Verantwortung.

Erstellt von: Ursula Oppolzer

Emmeline Pankhurst (1858–1928)

Ziel / Leitidee	Die Schüler erfahren etwas über das Leben von Emmeline Pankhurst und ihre Zeit in englischer Sprache.
Klassenstufe	9 / 10 En / Ek
Vorbereitung / Material	1 Kopiervorlage in Klassenstärke / Tafel, Kreide oder Smartboard, englische Wörterbücher oder Internetnutzung
Sozialform	Einzelarbeit / Partnerarbeit / Gruppenarbeit
Kompetenzbereich	Konzentriertes Lesen und Übersetzen, Recherchieren

Hinführung

- Unterrichtsgespräch mit den **Fragen:**

> - *Welche berühmten Frauen fallen euch ein?*
> - *Welche berühmten Engländer und Engländerinnen kennt ihr?*
> - *Wer weiß, wer Emmeline Pankhurst war?*
> - *Was ist eine Suffragette?*

Hauptphase

- Das **Arbeitsblatt** wird ausgeteilt.
- Die Schüler übersetzen in **Partnerarbeit** den Text des Arbeitsblattes.

Ergebnissicherung

- Die Schüler **lesen** nacheinander Satz für Satz der Übersetzung vor und korrigieren ihre Fehler.
- Die Schüler lesen ihre **Fragen** vor und andere Schüler geben Antworten.

Mögliche Anschlussaktivitäten

- Die Schüler erstellen eine Vokabelliste mit den neuen Wörtern.
- Die Schüler **schreiben** einen kurzen **Lebenslauf** in Stichwörtern von Emmeline Pankhurst.

Alternative

- Die Schüler entwickeln in **Gruppenarbeit** eine Vorstellungsrunde berühmter Zeitgenossen von Emmeline Pankhurst.

Aktivierungsaufgaben

- Die Schüler nennen möglichst schnell englische einsilbige Wörter von A–Z.
- Die Schüler zählen in 3 Minuten möglichst viele englische Wörter mit „y" auf.

Name: Klasse: Datum:

Emmeline Pankhurst (1858 –1928): British Suffragette and Political Activist

1. Lies diesen Text und übersetze ihn.
2. Stelle zu jedem Satz 1–2 Fragen.
3. Recherchiere und kläre die fett gedruckten Begriffe.
4. Recherchiere und ergänze weitere Informationen über die Zeit der Emmeline Pankhurst in England und in Deutschland. Vergleiche!

1. Emmeline Pankhurst, an activist for women's right to vote, born Emmeline Goulden, on 25th September 1858 in **Manchester**, eldest of 10 children.
2. At 21 she married the lawyer Richard Pankhurst, had 5 children and campaigned initially for the Independent **Labour Party**, founded in 1893.
3. Richard was also a vocal supporter of women's right to vote, and Emmeline or "Emily" became involved in the *Women' Franchise League,* which advocated women's suffrage.
4. When her husband died in *1898,* she took employment as a local registrar of Births, Marriages and Deaths, a post which gave her an insight into the plight of women less fortunate than herself.
5. In 1898 she joined a group of militant **suffragettes**.
6. She founded the ***Women's Social and Political Union*** in 1903.
7. She wanted the right to vote for women and for them to enter parliament.
8. As no progress was being made on the question of women's voting rights, the suffragettes began smashing windows, setting fire to postboxes and even bomb plots.
9. As a result of her activities, Emmeline was imprisoned numerous times.
10. In *1908* Emily was arrested when trying to force her way into the ***House of Commons***, to petition the **Prime Minister**, Lord Asquith. She spent six weeks *in prison*, and used her incarceration as a means of gaining publicity for her cause.
11. Two of her daughters were arrested several times because they fought and demonstrated in support of the cause.
12. Emmeline Pankhurst repeatedly called for mass demonstrations, once in the **Albert Hall** and another time in **Hyde Park**.
13. Over 50.000 people, mostly women of course, followed her call and proudly wore the colours of the suffragette movement – purple, white and green – on their clothes and hats.
14. On the outbreak of *the First World War in 1914* Emily halted its militant campaign until the end of the war, and instead she became a passionate advocate of women's involvement in the war effort.
15. In 1918 the suffragettes finally achieved their goal: women could put themselves up as parliamentary candidates and the British government granted limited women's suffrage the right of women over the age of 30 to vote.
16. Not until 1928 were women over 21 given equal voting rights in England.
17. Emmeline Pankhurst died on 14th June 1928 in London.

© 2020 Cornelsen Verlag GmbH, Berlin. Alle Rechte vorbehalten.
Die Vervielfältigung dieser Seite ist für den eigenen Unterrichtsgebrauch gestattet. Für inhaltliche Veränderungen durch Dritte übernimmt der Verlag keine Verantwortung.

Erstellt von: Ursula Oppolzer

42 Wie nennt man …?

Ziel / Leitidee	Die Schüler rufen vorhandenes Wissen ab und erhalten neue Informationen über Persönlichkeiten aus Geschichte, Wissenschaften, Musik und Kunst.
Klassenstufe	7 / 8 Ge / Deu / EK / Mu / Ku
Vorbereitung / Material	1 Kopiervorlage in Klassenstärke / Tafel, Kreide oder Smartboard
Sozialform	Einzelarbeit / Gruppenarbeit
Kompetenzbereich	Konzentriertes Lesen, Informationen zuordnen, Recherchieren, Zeitungsartikel schreiben, Steckbriefe erstellen

Hinführung

- Unterrichtsgespräch mit der **Frage:**

> - *Welche Ereignisse der Geschichte fallen euch spontan ein?*

Hauptphase

- Es werden **Gruppen** gebildet.
- Die **Gruppen** versuchen, so schnell wie möglich – im Wettbewerb – zu jedem Buchstaben (außer X undY) eine Persönlichkeit aus den Bereichen Geschichte, Wissenschaft, Musik und Kunst zu finden.
- Die **Arbeitsblätter werden ausgeteilt.**
- Die Aufgaben des Arbeitsblattes werden mithilfe von **Recherchen** gelöst.
- Die Gruppen **recherchieren** und erstellen 3 **Steckbriefe** mit je 10 Infos.
- Die Gruppen **recherchieren** einen der vorkommenden Begriffe und schreiben einen interessanten **Zeitungsartikel,** indem sie auch eine Verbindung zu heute herstellen.

Ergebnissicherung

- Nach einer vorgegebenen Zeit **lesen** die Gruppen nacheinander ihre Steckbriefe vor und die übrigen Gruppen müssen herausfinden, um wen es sich jeweils handelt. Die Gruppen, die die Persönlichkeit erraten, erhalten Punkte, und zwar entsprechend der noch ausstehenden Informationen. Beispiel: Errät eine Gruppe bereits bei der 2. Information des Steckbriefes die Persönlichkeit, so erhält sie 8 Punkte.
- Die Gruppen **lesen** ihre Zeitungsartikel vor und im Klassenverband werden Informationen ergänzt.

Mögliche Anschlussaktivitäten

- Die **Steckbriefe** werden an die Wand geheftet und die Gruppen ergänzen Infos.

Name: Klasse: Datum:

Wie nennt man …?

1. Rechts stehen die Begriffe, allerdings ein wenig durcheinander geraten. Verbinde die Aussagen entsprechend miteinander und ergänze weitere Informationen. Recherchiere!

	nennt man	
1. Das wichtige englische Grundgesetz von 1215		Kontinentalsperre
2. Die Stadt, bei der Napoleon I. endgültig geschlagen wurde,		Magna Charta
3. Das wichtige Verfassungsgesetz des Heiligen Römischen Reiches		Goldene Bulle
4. Die Staatsform, bei der der Adel die Herrschaft übernimmt,		Istanbul
5. Das Indianervolk, das zur Zeit der spanischen Eroberung im 16. Jahrhundert weite Gebiete Mexikos beherrschte,		Waterloo
6. Die französischen Protestanten, die sich in Religionskriegen gegen eine katholische Bürgerkriegspartei verteidigten,		Aristokratie
7. Die Stadt, die früher Konstantinopel hieß,		Hugenotten
8. Das Wirtschaftsembargo, das Napoleon I. 1806 gegen Großbritannien verhängte,		Azteken
9. Künstler, die das Traumhafte in ihrer Kunst darstellen,		Surrealisten

2. Schreibe die entsprechenden Persönlichkeiten in die linke Spalte. Recherchiere!

	Der französische König Ludwig XIV wurde so genannt.
	Präsident der USA, in dessen Amtszeit die Unabhängigkeitserklärung proklamiert wurde
	Der Italiener in spanischen Diensten, der überzeugt davon war, Indien auf dem Seeweg nach Westen erreichen zu können
	Die schottische Königin, die die englische Königin Elisabeth I. hinrichten ließ
	Der berühmte englische Dichter, der geboren wurde, als Maria Stuart 22 Jahre alt war
	Der Gründer des Deutschen Reiches

3. Ergänze jeweils 3–5 Informationen.

Lösungen

Wie nennt man …?

1. Magna Charta – Waterloo – Goldene Bulle - Aristokratie – Azteken – Hugenotten – Istanbul – Kontinentalsperre – Surrealisten / 2. Sonnenkönig – Thomas Jefferson – Christoph Kolumbus – Maria Stuart – William Shakespeare – Otto von Bismarck

Erstellt von: Ursula Oppolzer

© 2020 Cornelsen Verlag GmbH, Berlin. Alle Rechte vorbehalten.
Die Vervielfältigung dieser Seite ist für den eigenen Unterrichtsgebrauch gestattet. Für inhaltliche Veränderungen durch Dritte übernimmt der Verlag keine Verantwortung.

43 Metallfressende Pflanzen

Ziel / Leitidee	Die Schüler lernen, dass es möglich ist, mit speziellen Pflanzen einen verseuchten Boden zu reinigen und ihn wieder nutzbar zu machen.
Klassenstufe	9 / 10 Bio / EK / Ph / Deu
Vorbereitung / Material	1 Kopiervorlage in Klassenstärke / Tafel, Kreide oder Smartboard
Sozialform	Klassenverband / Gruppenarbeit / Einzelarbeit
Kompetenzbereich	Konzentriertes Lesen, Informationen verknüpfen, Recherchieren Listen und *Mindmaps* erstellen

Hinführung

- Unterrichtsgespräch mit den **Fragen:**

> - *Welche Metalle kennt ihr? Was wisst ihr über Metalle?*
> - *Welche radioaktiven Metalle gibt es?*

Hauptphase

- Die Schüler nennen zu vielen Buchstaben des Alphabetes ein Metall.
- Es werden **Gruppen** gebildet.
- Die Gruppen **recherchieren,** erstellen eine Liste von A–Z für Metalle und markieren die für den Menschen gefährlichen Metalle.
- Das **Arbeitsblatt wird ausgeteilt.**
- Die Schüler bearbeiten in **Einzelarbeit** die Aufgaben der Arbeitsblätter.

Ergebnissicherung

- Die **Gruppen lesen** ihre Ergebnisse vor und vergleichen.
- Die Schüler ergänzen ihre Listen von A–Z.

Mögliche Anschlussaktivitäten

- Die Gruppen **recherchieren** zum Thema „Kontaminierte Böden“ und erstellen eine **Mindmap.**
- Die Gruppen **recherchieren** zum Thema „Metallfressende Bakterien“.

Lösung

> **Metallfressende Pflanzen:** *1.* Pflanzen stellen ihre eigenen Nährstoffe her, betreiben Fotosynthese, geben Sauerstoff ab, filtern die Luft, halten den Boden fest, bieten Tieren Lebensraum, ernähren Tiere, Menschen, …

Name: Klasse: Datum:

Metallfressende Pflanzen

1. *Was ist das Besondere an metallfressenden Pflanzen? Recherchiere!*
2. *Lies diese Feststellungen, erstelle eine Liste mit metallfressenden Pflanzen. Recherchiere, um die Liste mit metallfressenden Pflanzen zu erweitern.*
3. *Kläre die im Text kursiv gedruckten Begriffe.*
4. *Notiere, warum bestimmte Pflanzen auf metallhaltigen Böden wachsen können.*
5. *Kläre, welche Bedeutung metallfressende Pflanzen haben und warum in Deutschland noch kein Markt dafür entstanden ist.*
6. *Was bedeutet es, wenn auch Kräuter und Gemüsesorten in der Lage sind, Metalle aus dem Boden aufzunehmen?*
7. *Welche Strategien haben Pflanzen auf metallhaltigen Böden entwickelt?*
8. *Erstelle eine Liste der Metalle, die von Pflanzen aufgenommen werden.*

1. In Tschernobyl nehmen Sonnenblumen die radioaktiven Metalle Cäsium und Strontium auf.
2. Fast 50 Unterarten der Pflanze Alyssum nehmen das Metall Nickel auf.
3. Es gibt Pflanzen, die aus dem Boden Kupfer und Kobalt aufnehmen. Recherchiere!
4. Das in Teilen Großbritanniens vorkommende alpine Hellerkraut (Thalaspi caerulescens nimmt Zink auf.
5. Die Hallersche Schaumkresse (Arabidopsis halleri) kann z. B. so viel Zink aufnehmen, wie der menschliche Körper täglich braucht, und in geringen Mengen nimmt sie auch Blei und Cadmium auf.
6. In Deutschland können zum Teil mit dem krebserregenden Cadmium verseuchte Industrie- und Bergwerksareale wie im Ruhrgebiet oder landwirtschaftliche Flächen, die durch die Verwendung von cadmiumhaltigem Phosphatdünger vergiftet worden sind, durch die Hallersche Schaumkresse gereinigt und später sogar zum Gemüseanbau genutzt werden.
7. Das alpine Pfennigkraut und mehrere Kohlarten ziehen Schwermetalle wie Blei, Cadmium, Chrom, Kupfer, Nickel und Zink aus dem Boden.
8. Petersilie nimmt Blei aus dem Boden auf.
9. Der indische Senfstrauch (Brassica juncea) ist in der Lage, viele unterschiedliche Metalle aufzunehmen, darunter Zink, Chrom, Cäsium, Strontium, Uran und Blei.
10. Der indische Senfstrauch kann Blei bis zu 60 % des *Trockengewichtes* aufnehmen.
11. Es gibt Pläne, auf der Grundlage des indischen Senfs Filteranlagen großen Stils zu entwickeln. Die Pflanzen sollen in Trögen wachsen, die über dem verseuchten Gewässer hängen. Die ins Wasser ragenden Wurzeln der Pflanzen sollen die Metalle aufnehmen, und zwar bis zum Hundertfachen der Anreicherung im Wasser. Die Wurzeln werden dann verbrannt, das Kohlendioxid entweicht in die Atmosphäre und die Metalle können wiederverwendet werden.
12. Pflanzen, die auf metallhaltigen Böden wachsen, haben drei Strategien entwickelt. Entweder sie haben die Fähigkeit, die Metalle nicht aufzunehmen, sie mit bestimmten Proteinen unschädlich zu machen oder sie zu speichern.

© 2020 Cornelsen Verlag GmbH, Berlin. Alle Rechte vorbehalten.
Die Vervielfältigung dieser Seite ist für den eigenen Unterrichtsgebrauch gestattet. Für inhaltliche Veränderungen durch Dritte übernimmt der Verlag keine Verantwortung.

Erstellt von: Ursula Oppolzer

Leseecke

Ziel / Leitidee	Die Schüler lernen berühmte Romane und ihre Autoren und ihr Land kennen und erweitern ihr Allgemeinwissen.
Klassenstufe	9 / 10 Deu / Ek
Vorbereitung / Material	2 Kopiervorlagen in Klassenstärke / Tafel, Kreide oder Smartboard
Sozialform	Einzelarbeit / Gruppenarbeit
Kompetenzbereich	Konzentriertes Lesen, Recherchieren, Tabellen und *Lebensläufe erstellen, Zeitungsartikel schreiben, Interviews vorbereiten*

Hinführung

- Unterrichtsgespräch mit den **Fragen:**

> - *Welche berühmten Schriftsteller / innen fallen euch ein?*
> - *Welche Romane habt ihr gelesen?*
> - *Welche Gedichte kennt ihr?*

Hauptphase

- Die Lehrkraft liest eine Passage aus „Max und Moritz" von Wilhelm Busch (1865) vor und fragt, in welchem Werk diese Zeilen stehen und wer der Verfasser ist.

> *„Also lautet der Beschluss:*
> *Dass der Mensch was lernen muss –*
> *Nicht allein das ABC*
> *Bringt den Menschen in die Höh',*
> *Nicht allein im Schreiben, Lesen*
> *Übt sich ein vernünftig Wesen."*

- Es werden **Gruppen** gebildet.
- Jede Gruppe versucht, in einer vorgegebenen Zeit (z. B. 5 Minuten) zu möglichst vielen Buchstaben des Alphabetes einen Schriftsteller zu finden.
- Die **Arbeitsblätter werden ausgeteilt.**
- Die Schüler versuchen, gleichzeitig und im Wettbewerb in **Einzelarbeit** im Buchstabensalat möglichst schnell die Namen von 10 Schriftstellern zu finden, die mit unterschiedlichen Schrifttypen geschrieben wurden.
- Die **Gruppen recherchieren** 3 Namen, die noch nicht vorher genannt wurden und verbinden dann in der Aufgabe die Schriftsteller und ihre Werke.

Ergebnissicherung

- Die **Gruppen** lesen ihre Ergebnisse vor und vergleichen.
- Die Schüler ergänzen ihre Liste von A–Z.

Mögliche Anschlussaktivitäten

- Die Schüler klären die Nationalität der Autoren und schreiben 3–5 Infos zu jedem Land auf.
- In Gruppenarbeit erarbeiten die Schüler ***jeweils 3 Interviews*** mit den Schriftstellern bzw. erarbeiten einen Zeitungsartikel über **3 Schriftsteller.**

Alternative

- Die Gruppen erstellen **Lebensläufe** in Stichwörtern.
- Die Gruppen entwickeln eine Vorstellungsrunde berühmter Zeitgenossen.

Lösungen

Versteckte Schriftsteller: *1.* Mann, Kafka, Proust, Tolstoi,, Hemingway, Grass, Woolf, Fontane, Böll, Lenz, Frisch, Walser, Zola, Hesse, Schnitzler
Versteckte Romane: *2.* Der Zauberberg – Thomas Mann / Der Prozess – Franz Kafka / Auf der Suche nach der verlorenen Zeit – Proust / Anna Karenina – Tolstoi / Der alte Mann und das Meer – Hemingway / Orlando – Virginia Woolf / Die Blechtrommel – Günter Grass / Effi Briest – Theodor Fontane / Der Clown – Heinrich Böll / Die Deutschstunde – Siegfried Lenz / Homo Faber – Max Frisch / Das fliehende Pferd – Martin Walser / Das Glasperlenspiel – Hermann Hesse / Tom Sawyers Abenteuer – Marc Twain / Die Traumnovelle – Arthur Schnitzler
3. Zuordnung

Miguel Cervantes:	Don Quijote
Robert Musil:	Der Mann ohne Eigenschaften
Jerome D. Salinger:	Der Fänger im Roggen
Oskar Wilde:	Das Bildnis des Dorian Gray
Virginia Woolf:	Orlando
Carlos Ruiz Zafon:	Der Schatten des Windes
Charles Dickens:	Oliver Twist
Fjodor M. Dostojewsky:	Schuld und Sühne
Stendhal:	Rot und Schwarz
Jonathan Swift:	Gullivers Reisen

Schriftsteller und ihre Werke: 1. Stefan Zweig 2. Carl Zuckmayer 3. Emile Zola 4. Virginia Woolf 5. Oscar Wilde 6. Martin Walser 7. Lew Nikolajewitsch Tolstoj = Leo Tolstoi 8. George Bernhard Shaw 9. William Shakespeare 10. Jean Paul Sartre
Fragen: 1. Madrid, Wien, New York, Dublin, London, Madrid, London, Moskau, Paris, Dublin

Name: Klasse: Datum:

Versteckte Schriftsteller – Versteckte Romane

1. Finde so schnell wie möglich die 15 in diesem Buchstabensalat versteckten Schriftsteller, schreibe die Namen heraus und ergänze die Vornamen und jeweils zwei Werke. Recherchiere!

cvbfdsfghmannjkliuztrewsdfghdsdertzukafkaiopüpoiuzewqasdproustfghjknbvcx
dsfghjkjesdfghjvbvdfghtretolstoighjküpoiuzghjhemingwayklöäwertzasdfggrassf
hjölkjhgvbnmyxcvasdfghwrzuüpwoolfoiuztradfghjölkvfontanebnvcxcvbcvbncxy
böllxcvadfgwetzuüpoiuztölklenzjhgfnbvcyxcadfgwezfrischudfghjklüpoiuäölkj
hasdfwerasdwertxcvbkjhgfrtzwalseruiooiufghjknbvcvbnmnbvasdfgfdsasdfgfdwert
ztfzolahesseasdfghjkpoiuztzuiopoiuztrghjtwainschnitzlerasdfgwertzujhgfdf

2. Finde möglichst schnell die15 versteckten Romantitel, schreibe sie heraus und ergänze die Schriftsteller.

WERTZUIOPDERZAUBERBERGASDFGHJKLDERPROZESSERTZUIOPAUFDERSU
CHENACHDERVERLORENENZEITMNBVCXASDFGHJANNAKARENINAÜPOI
UZTDERALTEMANNUNDDASMEERWERTZUIOPASDFGHJORLANDOSD
FGHASDCVBHGFFGHJDIEBLECHTROMMELPOIUZTREWQEFFIBRIESTASDF
WERASDWERSDFDERCLOWNÜPOIUZRETZRFSAAEZHDIEDEUTSCHSTUN
DEASDFGEHOMOFABERÖLKJHZDASFLIEHENDEPFERDKUFDASGLASPERLEN
SPIELPOIUZTRETOMSAWYERSABENTEUERUZTREFGHDIETRAUMNOVELLE

3. Ordne die Schriftsteller den richtigen Werken zu. Recherchiere!

Miguel Cervantes	Orlando
Robert Musil	Der Mann ohne Eigenschaften
Jerome D. Salinger	Oliver Twist
Oskar Wilde	Das Bildnis des Dorian Gray
Virginia Woolf	Schuld und Sühne
Carlos Ruiz Zafon	Rot und Schwarz
Charles Dickens	Der Schatten des Windes
Fjodor M. Dostojewsky	Gullivers Reisen
Stendhal	Don Quijote
Jonathan Swift	Der Fänger im Roggen

4. Beantworte folgende Fragen.

1. *Wie heißen die Hauptstädte der Länder, in denen die Schriftsteller geboren sind?*
2. *Was bedeuten die Begriffe „Existenzialismus“ und „Naturalismus“?*
3. *Nenne 3 Schriftsteller des Existenzialismus und 3 Schriftsteller des Naturalismus.*
4. *Was ist der Nobelpreis? Warum heißt er so? Wo wird er verliehen?*
5. *Nenne mindestens 3 Literaturnobelpreisträger.*
6. *Nenne 3 Nobelpreisträger auf anderen Gebieten und kläre, wofür sie den Nobelpreis erhalten haben. Recherchiere!*

© 2020 Cornelsen Verlag GmbH, Berlin. Alle Rechte vorbehalten.
Die Vervielfältigung dieser Seite ist für den eigenen Unterrichtsgebrauch gestattet. Für inhaltliche Veränderungen durch Dritte übernimmt der Verlag keine Verantwortung.

Erstellt von: Ursula Oppolzer

Name: Klasse: Datum:

Schriftsteller und ihre Werke

1. Ordne die Schriftsteller zu und erstelle eine Tabelle nach „Herkunft" und „ Zeit".
2. Schreibe die vorkommenden Werke auf kleine Kärtchen. Anschließend drehst du die Kärtchen um, und schreibst die jeweiligen Schriftsteller auf.

1. Dieser österreichische Schriftsteller (1881–1942) setzte sich mit der inneren Zerrissenheit des Menschen auseinander. Initialen: S. Z. Werke: „Ungeduld des Herzens", „Schachnovelle"
2. Dieser deutsche Schriftsteller (1896–1977) schrieb expressionistisch beeinflusste gesellschafts- und kulturkritische Stücke und hatte die Initialen C. Z. Werke: „Der fröhliche Weinberg",„Des Teufels General", „Der Hauptmann von Köpenick"
3. Dieser französische Schriftsteller (1840–1902) begründete mit seinem Roman „Nana" den Naturalismus. Im Mittelpunkt seines Hauptwerkes steht die Frage nach der Rolle von Vererbung und Milieu. Er war in der Jugend mit dem Maler Paul Cezanne befreundet. Initialen: E. Z. Werke: Romanzyklus „Die Rougon-Macquart"
4. Diese englische Schriftstellerin (1882–1941), beschrieb in ihren Romanen die Erfahrungswelten von Frauen mit Hilfe innerer Monologe. Werke: „Orlando", „Mrs. Dalloway", „Die Fahrt zum Leuchtturm"
5. Dieser englische Schriftsteller (1854–1900) verspottete in seinem Lustspiel „Ein idealer Gatte" 1895 die Moralvorstellungen der englischen Gesellschaft. Er wurde wegen Homosexualität zu zwei Jahren Zuchthaus verurteilt. Werke: „Das Bildnis des Dorian Gray", „Das Gespenst von Canterville"
6. Dieser deutsche Schriftsteller (geb. 1927), schrieb Romane, in denen es um Ehe- und Beziehungsprobleme geht und um die Erfahrungswelt der Mittelschicht. Er schrieb aus der Sicht von Versagern. Werke: „Ehen und Philippsburg", „Ein fliehendes Pferd"
7. Dieser russische Schriftsteller (1828–1910) war ein Meister der Darstellung menschlicher Verhaltensweisen. Werke: „Krieg und Frieden", „Anna Karenina", „Die Kreutzersonate"
8. Dieser irische Schriftsteller (1856–1950), dessen Werk durch beißenden Spott und ironischem Sprachwitz gekennzeichnet war, erhielt 1925 den Nobelpreis für Literatur. Werke: „Pygmalion", „Die heilige Johanna"
9. Dieser berühmteste englische Schriftsteller (1564–1616) verbrachte den größten Teil seines Lebens in London als Schauspieler. Werke: „Ein Sommernachtstraum", „Romeo und Julia", „König Lear", „Hamlet", „Julius Cäsar"
10. Dieser französische Philosoph und Schriftsteller (1905–1980) war ein führender Vertreter des Existenzialismus und hat sich mit dem Thema der Freiheit des Einzelnen auseinandergesetzt. Werke: „Die Fliegen", „Das Sein und das Nichts"

William Shakespeare – Carl Zuckmayer – George Bernhard Shaw – Emile Zola – Jean Paul Sartre – Oscar Wilde – Virginia Woolf – Martin Walser – Leo Tolstoi – Stefan Zweig

© 2020 Cornelsen Verlag GmbH, Berlin. Alle Rechte vorbehalten.
Die Vervielfältigung dieser Seite ist für den eigenen Unterrichtsgebrauch gestattet. Für inhaltliche Veränderungen durch Dritte übernimmt der Verlag keine Verantwortung.

Erstellt von: Ursula Oppolzer

45 100 Jahre zurück

Ziel / Leitidee	Die Schüler lernen die Schriftsteller Kurt Tucholsky, Erich Kästner und Zeitgenossen kennen und finden heraus, was sich vor 100 Jahren ereignete und wovon die Menschen noch nichts gehört hatten.
Klassenstufe	9 / 10 Deu / Ge / Po / Ek
Vorbereitung / Material	1 Kopiervorlage in Klassenstärke / Tafel, Kreide oder Smartboard
Sozialform	Klassenverband / Einzelarbeit / Gruppenarbeit
Kompetenzbereich	Konzentriertes Lesen, Informationen verknüpfen, Recherchieren, Tabellen erstellen, Interviews vorbereiten und Rollenspiele

Hinführung

- Unterrichtsgespräch mit den **Fragen:**

> - *Was wisst ihr über Kurt Tucholsky?*
> - *Wer war Erich Kästner?*

Hauptphase

- Die Lehrkraft liest einen Text von Kurt Tucholsky.

> ***„Europa***
> *Am Rhein, da wächst ein süffiger Wein –*
> *Der darf aber nicht nach England hinein – Buy British*
> *In Wien gibt es herrliche Torten und Kuchen,*
> *die haben in Schweden nichts zu suchen – Köp svenska varor*
> *In Italien verfaulen die Apfelsinen“*
>
> *Kurt Tucholsky, 1915*

- Im **Klassenverband** wird geklärt, welche Nahrungsmittel typisch für einige Länder Europas sind. (wie die Hauptstädte, 2 weitere Städte, 2 Flüsse, … heißen)
- Es werden **Gruppen** gebildet und die **Arbeitsblätter werden ausgeteilt.**
- Die **Gruppen** bearbeiten die Aufgaben des Arbeitsblattes und **recherchieren.**

Ergebnissicherung

- Nach einer vorgegebenen Zeit lesen die Gruppen ihre Ergebnisse vor.
- Die **Tabellen** über die Zeit vor 100 Jahren und heute werden an die Wand geheftet.
- Die Gruppen vergleichen die Tabellen und ergänzen fehlende Informationen.
- Die Schüler schreiben die Tabellen in ihre Hefte oder Mappen.

Name: Klasse: Datum:

Wer war Kurt Tucholsky?

Der Zeitgenosse Erich Kästner schreibt im Nachwort zu der Sammlung von Tucholsky-Geschichten, er sei ihm nicht oft begegnet, hätte ihn aber intensiv wahrgenommen und begleitet, ihn den „kleinen, dicken Berliner", der mit der Schreibmaschine eine Katastrophe aufhalten wollte, ihn, den scharfen Kritiker des Nationalsozialismus, ihn den großen Satiriker der Weimarer Republik, der 1929 ins Exil nach Dänemark ging und 6 Jahre später aus Verzweiflung Selbstmord beging.

100 Jahre zurück

1. *Lies diesen Brief und erstelle eine Tabelle mit zwei Spalten „1915" und „2015". Was war vor 100 Jahren? Was ist heute anders?*
2. *Recherchiere und ergänze die Tabelle zu Aufgabe 1.*
3. *Kläre die im Text kursiv gedruckten Begriffe.*

Lieber Leser [2015],
guten Tag! Ich bin sehr befangen: Du hast einen Anzug an, dessen Mode von meinem sehr absticht, auch dein Gehirn trägst du ganz anders … ich setze dreimal an: jedes Mal mit einem anderen Thema, man muss doch in Berührung kommen … jedes Mal muss ich wieder aufgeben – wir verstehen einander gar nicht. Alles an mir scheint dir altmodisch: meine Art zu schreiben und meine Haltung … Vergeblich will ich dir sagen, wie wir es gehabt und wie es gewesen ist … nichts. Du lächelst, ohnmächtig hallt meine Stimme aus der Vergangenheit und du weißt alles besser. Soll ich dir erzählen, was die Leute in meinem Zeitdorf bewegt? *Gent? Shaw-Premiere? Thomas Mann?* Das Fernsehen? Eine Stahlinsel im Ozean als Halteplatz für Flugzeuge? Du bläst auf alles und der Staub fliegt meterhoch. Du kannst gar nichts erkennen vor lauter Staub. Selbstverständlich habt ihr die Fragen *Völkerbund* und *Paneuropa* nicht gelöst. Fragen werden ja von der Menschheit nicht gelöst, sondern liegen gelassen. Selbstverständlich habt ihr fürs tägliche Leben 300 nichtige Maschinen mehr als wir und im Übrigen seid ihr genau so dumm, genau so klug, genau so wie wir. Was von uns ist geblieben? Wühle nicht in deinem Gedächtnis nach, in dem, was du in der Schule gelernt hast. Geblieben ist, was zufällig blieb; was so neutral war, dass es hinüberkam; was wirklich groß ist, davon ungefähr die Hälfte, und um die kümmert sich kein Mensch – nur am Sonntagvormittag ein bisschen im Museum. Es ist so, wie wenn ich heute mit einem Mann aus dem *Dreißigjährigen Krieg* reden wollte. „Ja? Geht's gut? Bei der Belagerung *Magdeburgs* hat es wohl sehr gezogen …?" und was man so sagt. Ach, mein Lieber, auch du bist ein Zeitgenosse. Höchstens, wenn ich *„Bismarck"* sage und du dich erst erinnern musst, wer das gewesen ist, grinse ich schon heute vor mich hin. Du kannst dir gar nicht denken, wie stolz die Leute um mich herum auf dessen Unsterblichkeit sind. … Na, lassen wir das. Außerdem wirst du jetzt frühstücken gehen wollen. Geh mit Gott, oder wie ihr das Ding dann nennt. Wir haben uns wohl nicht allzu viel mitzuteilen, wir Mittelmäßigen. Die Form war alles. Ja, die Hand will ich dir noch geben, wegen Anstand. Und jetzt gehst du. Aber das rufe ich dir noch nach: Besser seid ihr auch nicht als wir und die vorigen. Aber keine Spur, gar keine!

Kurt Tucholsky, 1915

© 2020 Cornelsen Verlag GmbH, Berlin. Alle Rechte vorbehalten.
Die Vervielfältigung dieser Seite ist für den eigenen Unterrichtsgebrauch gestattet. Für inhaltliche Veränderungen durch Dritte übernimmt der Verlag keine Verantwortung.

Erstellt von: Ursula Oppolzer

Literatur

Bücher von Ursula Oppolzer

- (2015): 45 Vertretungsstunden fächerübergreifend. Cornelsen: Berlin.
- (2015): Führerschein: Gesunde Ernährung. Persen: Hamburg.
- (2014): 45 Vertretungsstunden Biologie. Cornelsen: Berlin.
- (2014): 45 Vertretungsstunden Naturwissenschaften. Cornelsen: Berlin.
- (2014): Zeitmanagement für Lehrer. Verlag an der Ruhr: Mühlheim an der Ruhr.
- (2013): Heinrich Heine -- Eine Biografie. Schnell: Warendorf.
- (2012): 99 Tipps: Konzentration und Lernfähigkeit. Cornelsen: Berlin.
- (2012): Hochzeitsflug und Eheschaukel. Schnell: Warendorf.
- (2012): Kreativität & Problemlösung. Verlag an der Ruhr: Mühlheim an der Ruhr.
- (2012): Lernstrategien entwickeln mit Kirstin Jebautzke. Persen: Hamburg.
- (2012): Biologie im Alltag – Gesunde Ernährung. Persen: Hamburg.
- (2011): Wahrnehmung und Konzentration mit Märchen. Brigg: München.
- (2011): Bunt, bunt, bunt ist alles, was ich denke. Schlütersche Verlagsgesellschaft: Hannover
- (2010): Verflixt, das darf ich nicht vergessen, Band 3. humboldt: Hannover.
- (2009): Kurze Zwischenaufgaben für den Deutschunterricht. Persen: Hamburg.
- (2009): 4-7-6 – Rom war ex – 265 alte und neue Eselsbrücken. Knaur: München.
- (2009): Verflixt, das darf ich nicht vergessen, Band 2. humboldt: Hannover.
- (2009): Verflixt, 100 Gedächtnisspiele! humboldt: Hannover.
- (2008): Verflixt, das darf ich nicht vergessen, Band 1. humboldt: Hannover.
- (2008): Das große Brain-Fitness-Buch. humboldt / Schlütersche: Hannover.
- (2008): Super lernen. Tipps & Tricks von A–Z. humboldt: Hannover.
- (2008): Verflixt, wie lerne ich das? humboldt: Hannover.
- (2008): Wortschatztraining von A–Z. Persen: Hamburg.
- (2007): Verflixt, was ist denn das? Kopfsalat und Glühbirne – Trainingsprogramm für Kids. humboldt: Hannover.
- (2007): Gehirntraining mit Fantasie und Spaß. verlag modernes lernen: Dortmund.
- (2006): Bewegte Schüler lernen leichter. verlag modernes lernen: Dortmund.
- (2006): Verflixt, wer war's denn gleich? Gedächtnistraining für Kinder. humboldt: Hannover.
- (2006): Verflixt, das darf ich nicht vergessen! Die 50er Jahre. humboldt: Hannover.
- (2005): Hirntraining mit ganzheitlichem Ansatz. Grundlagen. verlag modernes lernen: Dortmund.

Für mehr Power in der Schule

Empathische Ratgeber, die das Unterrichten erleichtern

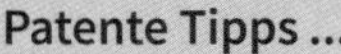

978-3-589-16514-8

978-3-589-16515-5

Patente Tipps ...

Unterrichtsstörungen sind der Normalfall in der Schule. Vom gelassenen Umgang mit den alltäglichen Herausforderungen handelt dieses Buch. Die Autorin hilft dabei, auch ein gelegentliches Scheitern zu akzeptieren und sich einen eigenen Königsweg zu erarbeiten.

... für viele Situationen

Erfolgreiches Unterrichten hängt nicht zuletzt von der eigenen Persönlichkeit ab. Den richtigen Weg zu finden, fällt oft schwer – besonders Berufseinsteiger(inne)n. Profitieren Sie von den Tipps der Autorin, einer langjährig erfahrenen Lehrerin!

Das gesamte Programm unter **cornelsen.de/sekundarstufe**

Anders lernen ...

Empfehlungen und Tipps für nachhaltigen Lernerfolg

978-3-589-16185-0

978-3-589-16499-8

Raus ins Leben!
Lernen an außerschulischen Orten bietet Potenzial, das unbedingt öfter genutzt werden sollte. Aber wie? Dieser Band liefert Orientierung und beschreibt zugleich Vorzüge sowie Grenzen eines Lernortwechsels. Außerdem finden Sie Praxisbeispiele für ausgewählte Unterrichtsfächer.

Anker fürs Gedächtnis
Mit Sketchnotes lassen sich auch komplexe Stoffinhalte so darstellen, dass jeder schnell einen Zugang findet. Dieser Band vermittelt Grundlagen, liefert Anleitungen und viele Beispiele. Eine Methode, die auch für Schülerinnen und Schüler nützlich ist, z. B. bei der Erstellung von Vorträgen.

Das gesamte Programm unter **cornelsen.de/sekundarstufe**